Auf Frachtschiffen unterwegs

Sag dem kleinen Abenteuer, dass Du kommst!

Bernd Ellerbrock

Copyright © 2015 Bernd Ellerbrock

All rights reserved.

ISBN: 1477504958
ISBN-13: 978-1477504956

INHALTSVERZEICHNIS

Aye, Aye! Interviews

Klar Schiff! Informationen

EINFÜHRUNG

Reisen auf Frachtschiffen haftet immer noch und zu Recht die Aura des Abenteuerlichen an. Erwartet den Touristen hier eben nicht das Rundumsorglos-Paket einer klassischen Kreuzfahrt. Kein Captain's Dinner also. Keine Animation, kein Showprogramm. Keine durchorganisierten Landgänge. Keine tägliche Kammerreinigung. Keine 5-Gänge-Menüs. Kein minutiöser Fahrplan. Kein - was weiß ich.

Dafür bieten Frachtschiffreisen Seefahrt pur. Wir befinden uns auf einem Arbeitsschiff, quasi als Teil der Crew. Die machen nämlich so weiter wie immer und lassen sich nicht stören. Man kann nicht schlafen, wenn auf den Terminals die Container verladen werden. Später wiegt einen das Brummen der schweren Schiffsmotoren in tiefen Schlaf. Und dann dieses stundenlange Gucken. Einfach nur Gucken und das Meer an sich vorbeiziehen lassen. Oder im Packeis stecken bleiben und in der unendlichen Weite und Stille auf den Eisbrecher warten. Mit einem Binnenschiff im Morgennebel sanft einen Fluss entlang gleiten. Enge Fjorde und Schären durchkreuzen. Mit Matrosen und Offizieren aus aller Welt Gedanken austauschen. Die moderne globalisierte Welt der Containerlogistik hautnah erleben. Eine fremde Welt kennen lernen. Urlaub! Jawohl, das ist Urlaub pur.

Dieses Buch beschreibt zehn sehr unterschiedliche Reisen auf Frachtschiffen, die jeder unternehmen kann. Wir bereisen die Nordsee, die Ostsee, das Mittelmeer und wagen uns nicht weit hinaus auf die Weltmeere. Wir steigen zwei Mal auf ein Binnenschiff. Wir "trampen" mit einem Schüttgutfrachter. Wir reisen mit einem wahren TEU-Giganten, der mal das größte Containerschiff der Welt war. Und wir zittern kurz vorm Nördlichen Polarkreis vor Kälte. Kleine Abenteuer „vor der Haustür" also, denn keine Reise dauerte länger als zehn Tage.

Über 28 Millionen Pauschal-Reisen buchten die Deutschen 2014 bei Veranstaltern. Exakt 1.771.437 davon waren Seereisen auf Kreuzfahrtschiffen. Nur ein Häuflein von etwa 4.000 „Wagemutigen" begab sich auf eine Frachtschiffreise. Vielleicht trägt diese Sammlung von Reportagen dazu bei, dass es mehr werden. In Interviews mit einem Kapitän, einem der größten Spezial-Reisevermittler, einem Geographen, der das Phänomen „Frachtschiffreise" wissenschaftlich erforscht hat, einer Reederei und drei „Hardcore"-Fans werden Hintergründe dieser touristischen Nische ausgeleuchtet. Als kleine Hilfen für Interessierte dienen eine Liste der auf Frachtschiffreisen spezialisierten Agenturen, ein „Frachtschiffreise-ABC" für Passagiere und solche, die es werden wollen, Hinweise zur Verpflegung an Bord sowie eine Literatur-Liste.

Wer nicht selbst auf ein Schiff möchte, kann dies auch bequem am Computer in der warmen Stube tun: maritime Online-Dienste wie Vesseltracker & Co. machen's möglich. Eine Feature dazu beschreibt, wie es geht. Für die ewig Seekranken begleiten wir Fred ganz ohne Schaukeln auf seiner Reise auf vielen Schiffen rund um die Welt – auch im Internet. Für alle Nostalgiker schließlich eine Übersicht zu den noch erhaltenen und zu besichtigenden Museums-Frachtern in Deutschland und für Zahlenfreaks Daten und Fakten rund um den Container.

Viel Spaß beim Lesen wünscht

Bernd Ellerbrock

ALLES KLAA! AUF DER CONTAINERCARLA

„Willkommen an Bord", begrüßt uns der erste Offizier Amamyan Samvel. „Unsere Crew besteht aus elf Mann", grinst der Ukrainer, „aber jetzt sind wir dreizehn!". Zwar haben wir keine Heuer auf der MV CARLA, müssen auch nicht Laschen, Festmachertaue fieren, Decks schrubben oder die Gangway rauf und runter holen. Aber schon nach kurzer Zeit fühlen wir uns irgendwie doch dazu gehörig. Elf Crewmitglieder also und wir zwei Passagiere. Ein kleines Abenteuer kann beginnen.

Wer eine Reise auf einem Frachtschiff bucht, sollte sich im Klaren darüber sein, dass die wohl einzige Gemeinsamkeit mit einer Kreuzfahrt darin besteht, dass man sich auf einem Schiff befindet. Ansonsten ist hier alles anders. Sehr viel anders. Befinden wir uns doch auf einem Arbeitsschiff, das 700 Container geladen hat und im Verlauf der neuntägigen Tingeltangelreise durch Nord- und Ostsee sechs Terminals anlaufen wird. Rund 5.000 Containerschiffe befahren aktuell die Weltmeere und transportieren 25 Millionen dieser genormten Stahlboxen Tag und Nacht nonstop hin und her. Nichts manifestiert die Globalisierung der modernen Wirtschaft so augenfällig wie der Container. Mit Seefahrtsromantik hat die genormte Containerwelt wahrlich nichts mehr zu tun. Aber wer gern auch mal der Faszination Technik erliegt, Seefahrt im 21. Jahrhundert hautnah erleben möchte, sollte solch eine Reise einfach mal ausprobieren.

Kaum an Bord, werden wir über die Sicherheitsbestimmungen informiert, wird uns gezeigt, wo wir uns einzufinden haben, wenn sieben Mal kurz und ein Mal lang Alarmsignal gegeben wird. „And then we'll discuss, what to do", lautet die kryptische Ansage. Wir müssen unsere Pässe abgeben, man zeigt uns unsere Kammern und die „Offiziersmesse", in der gegessen wird. Das war's auch schon. Im Hafen hat die Crew alle Hände voll zu tun, keiner kann sich weiter um uns kümmern. Container werden abgeladen, andere kommen herangeschwebt - beim Aufsetzen am Rand neigt CARLA sich dabei etwas in die Seitenlage, um sich anschließend wieder aufzurichten. Die Verladebrücke fährt mit laut warnendem Fiepen vor und zurück, ein Kleintransporter liefert Proviant aller Art, der an Bord gehievt wird. Das Terminal Hamburg-Tollerort ist inzwischen grell erleuchtet, ebenso die gegenüberliegenden Docks von Blohm & Voss: großes Kino, wohl wahr. Um 3 Uhr morgens legt das Schiff endlich ab. Es wird ruhig an Bord. Das ewige Brummen der Dieselmotoren wiegt uns Elbe abwärts in den Schlaf.

CARLA: deutsch ist nur noch der Name, weil das Schiff vor fünfzehn Jahren auf der Hamburger Sietas-Werft gebaut wurde (121 Meter lang, 18 Meter breit). Und sonst? Die Reederei gehört einem Iraner, der Kapitän Buzanov Valeriy und seine Offiziere sind Russen und Ukrainer, die Matrosen samt „Cook" Carlos stammen von den Philippinen. Ihre Personalvermittlungsagentur wiederum sitzt in Limassol (Zypern). Das Schiff selbst wurde ausgeflaggt nach Antigua-Barbuda und die Bordsprache ist Englisch. Mehr Internationalität geht kaum.

Wir beiden Deutschen werden freundlich aufgenommen, dürfen fast jederzeit auf die Brücke, besuchen den Maschinenraum, werden herumgeführt - bereitwillig wird erklärt, was wir erfragen. Denn wir Passagiere sind willkommene Abwechslung für eine Crew, die außer ihrem

Schiff, Meer und Containerterminals monatelang nichts anderes zu sehen bekommt.

Mit solch einem Mikrokosmos muss man freilich klarkommen. Hier findet alles auf engstem Raum zwischen A-Deck und F-Deck statt, in den Kabinen kann man sich so eben einmal um die eigene Achse drehen, und wenn zu sechst gegessen wird, ist die Messe voll. Weite bietet nur das offene Meer, dafür aber reichlich. Unser Lieblingsort ist das obere Stockwerk des Deckshauses mit der Brücke und den beiden seitlichen Auslegern, „Nocks" genannt. Von hier oben kann man langsam das Meer an sich vorbeiziehen lassen und gedankenverloren völlig entschleunigt einfach nur in die Gischt gucken. Ab und an ein anderes Schiff, da hinten die Kreidefelsen von Rügen, schemenhaft die Offshore-Windkraftanlage bei Fehmarn, eine Ölplattform oder Helgoland weit draußen sind zu erkennen. Wenn wir Land sehen, versuchen wir zu erraten, wo wir wohl gerade sind – ein Blick auf die Seekarte im Kartenraum bestätigt uns (oder auch nicht...). Glück hat, wer tagsüber den Nord-Ostsee-Kanal passiert. Auf diesem maritimen Highway ist nämlich immer ziemlich viel los – mit über 30.000 Schiffen und rund 100 Millionen Tonnen Fracht jährlich ist er die meist befahrene künstliche Wasserstraße der Welt. Aber ein Sorgenkind: schon seit Jahren müssen immer wieder die maroden Schleusen in Brunsbüttel und Holtenau geschlossen werden - das ist das Thema Nummer Eins bei allen, die vom und am "Kiel-Canal", wie er offiziell heißt, leben. Viel zu häufig heißt es "Schotten dicht am NOK" und die Reederein leiten ihre Schiffe rund um Skagen, der Nordspitze Dänemarks. Das sind aber 800 Kilometer mehr. Nun soll eine fünfte Schleuse in Brunsbüttel für 485 Millionen Euro und ein Ausbau der Oststrecke für 265 Millionen Euro Entspannung bringen. 2014 wurden die Gelder vom Bundestag bewilligt.

Für das leibliche Wohl sorgt Carlos, seit 15 Jahren als gelernter Schiffskoch auf Frachtschiffen unterwegs. Gut gewürzt, herzhaft, deftig, rustikal – manchmal etwas eigenwillig in der Zusammenstellung. Morgens zwei Spiegeleier, geschmorte Tomaten, Bratwurst mit Ketchup und Senf muss man aber nicht nehmen. Wir haben ja keine Nachtschicht hinter uns. Toast mit Marmelade reicht auch. Mittags dann wieder drei Gänge und abends erneut warme Küche. Carlos schreibt die Menus auf eine Schultafel, so dass alle sich auf die kulinarischen Abwechslungen freuen können. Verhungern tut hier jedenfalls keiner. Frischer Salat und Obst, für die Philippinos Reis und für die Ukrainer Schmand, stehen immer bereit. Heißes Wasser für Tee oder Kaffee gibt es rund um die Uhr und der Kühlschrank ist gefüllt. Wir fühlen uns hier wie früher in der Wohngemeinschaft (und ein wenig sieht es hier auch so aus...). Ab und an läuft der DVD-Player, so dass wir den „Gladiator" auf russisch beim Mittagessen gucken. Wir merken: die Crew macht hier so weiter wie immer. Wir passen uns ihrem Rhythmus an und fühlen uns bald irgendwie dazugehörig. Wir sind jetzt eben dreizehn!

Genau dies wollten wir als Passagiere ja auch erleben: Seefahrt zum Anfassen. Hier gießt keiner drei Schluck Wasser nach, wenn man zwei getrunken hat. Die Kabine (Kammer) hält man selbst sauber und in Ordnung (die Duschen sind übrigens besser als in manch einem 3-Sterne-Hotel und von der Klimaanlage gibt's keine Erkältung!). Zwischen den Mahlzeiten ist Selbstversorgung angesagt. Nur arbeiten müssen wir eben nicht – wir haben Urlaub.

Für wenig Geld im Übrigen: eine Woche Fahrt auf so einem Containerschiff in der Einzelkabine ist für rund 750 € samt Versicherungen zu bekommen. Inzwischen haben sich einige Unternehmen auf Frachtschiff-Touristik spezialisiert und vermitteln die unterschiedlichsten Passagen (Fahrgebiete, Länge der Reise, Schiffstypen) an maritim Interessierte. Sogar auf Binnenschiffen kann inzwischen mitgefahren werden. Wegen der Widrigkeiten von Wind und Wetter, Komplikationen an den Terminals und vieles Ungeplantes mehr, muss man sich allerdings darauf einstellen, erst etwa 24 Stunden vor Einschiffung Nachricht zu erhalten. Und nicht jede Reise führt auch präzise in die Häfen, die im Prospekt ausgewiesen sind.

Unsere Reise führt ab Hamburg durch den Nord-Ostsee-Kanal sowie über die Ostsee nach Gdynia und Danzig, anschließend zurück und über die Nordsee nach Rotterdam in den flächenmäßig größten Hafen der Welt. Für Städtetouristen ist solche eine Reise freilich weniger geeignet: entweder die Liegezeiten an den Terminals sind für eine Stippvisite zu kurz oder die Terminals liegen weit, weit draußen. Die Welt sollte man auf andere Art und Weise kennen lernen wollen. Nur Gdynia schauen wir uns fünf Stunden lang an, ansonsten bleiben wir stets an Bord.

Langweilig wird uns auf der Fahrt trotzdem keine Minute. Auch wenn wir an den Terminals das Schiff aus Sicherheitsgründen nicht verlassen dürfen, können wir von Deck aus die logistische Präzisionsarbeit beim Verladen von Containern an einem modernen Terminal beobachten. Kilometerlange Kajen, Schiffe mit über 10.000 dieser Boxen an Bord, wie von Geisterhand bewegte Selbstfahrlafetten (so genannte „Muffys" oder "AGV"s: Automated Guided Vehicles), riesige Verladebrücken, spinnenähnliche Gebilde auf Rädern („Van Carrier") prägen das Bild dieser modernen Häfen des 21. Jahrhunderts. Und wir sind quasi mittendrin – ein Privileg. Denn Containerterminals sind hermetisch abgeriegelt und können bestenfalls mal bei einer Hafenrundfahrt von Wasser aus eingesehen werden – oder z. B. mit den „Hafenbussen" in Bremerhaven, Wilhelmshaven und Hamburg. Jederzeit dürfen wir auch dem Kapitän über die Schulter schauen. Der Mittdreißiger läuft nicht gerade Respekt einflößend in Schlappen, kurzer Hose und T-Shirt herum, telefoniert wie ein Weltmeister wo er nur kann, faltet die Hände über seinem Bäuchlein und besteht darauf, dass er ein Russe sei. Kein Ukrainer. Die Ukraine, das sei ein Kunstprodukt, erklärt er uns.

Liegezeit kostet Geld. Kaum ist der letzte Container an Bord gehievt, kommt schon der Hafenlotse und das Schiff legt ab. Auch solch ein

Manöver ist nicht uninteressant, zumal wir ein Mal wegen starken Sturms sogar Schlepperunterstützung brauchen – das Schiff wurde durch den Sturm regelrecht an der Kaje festgedrückt. Lotsen werden versetzt und ausgeholt, um bei Hafen und Revierfahrt dem Kapitän zu assistieren – und dann beginnt wieder für ein, zwei Tage diese unendliche Weite und Ruhe des Meeres.

Zeit und Muße sich mit den Seeleuten zu unterhalten. Althergebracht ist noch das Hissen und Einholen der Flaggen nach Verlassen bzw. bei Einfahren in die 12-Meilen-Zone. Sonst hat der Alltag auf See wenig mit dem von früher zu tun. Was das Wichtigste für ihn sei, fragen wir den jungen Kadetten vom Schwarzen Meer, der hier seine Ausbildung macht. „Disziplin" sagt der. Die geht soweit, dass der Schlüssel für den Schrank mit Alkoholika vom Kapitän unter Verschluss gehalten wird. Für unser Bierchen am Abend muss Carlos den Schlüssel erbitten und einen Zettel schreiben. Nun, nach einigen Tagen stand unser Sixpack dann doch im Kühlschrank!

Vier Monate bleiben die Offiziere an Bord, zehn Monate die Matrosen. Danach geht es für ein paar Wochen in die Heimat, bis die nächste Heuer jeden einzelnen wer weiß wohin verschlägt. Selten, dass sich Crewmitglieder auf einem anderen Schiff jemals wiedersehen. Soziale Bindungen können so kaum entstehen – weder an Bord noch daheim. Santos zum Beispiel, keine 25 Jahre alt und einer der Filipinos, hat Sorge, ob seine Freundin daheim wirklich auf ihn wartet. Die Tränen stehen ihm fast in den Augen. Entwurzelt für 450 Dollar Grundgehalt pro Monat? Auch solche Eindrücke nimmt man dann mit von Bord.

Vor Brunsbüttel geht es mit einem Lotsenversetzboot ans Festland. Der Teil der Mannschaft, der nicht gerade in den Kojen liegt, winkt. Ein wenig Wehmut macht sich breit. Ahoi CARLA! Machen wir das noch Mal? Wie wär's mit einer Eisfahrt im Winter nach Nordfinnland oder im Frühjahr eine Passage nach Istanbul? Mal sehen.

EINER KOMMT DURCH - CONTAINERFEEDER CARAT IM EISMEER

In Bremerhaven lädt Kapitän Matthias Wohlers schon Mal die tägliche Eiskarte des Schwedischen Meteorologischen Instituts auf seinen Bordcomputer runter. Hier kann er im Detail nachvollziehen, was sämtliche Medien seit Tagen berichten: die Ostsee ist in diesem Winter zugefroren wie selten zuvor. Das Eis bedeckt inzwischen eine Fläche von annähernd 300.000 Quadratkilometern, was mehr als zwei Dritteln der Ostsee-Gesamtfläche entspricht. Und Wohlers muss mit seinem Feederschiff CARAT mitten hindurch, um 720 Container für seinen Charterer „Unifeeder" nach Hamina und Helsinki zu bringen. „Da werden wir noch viel Spaß haben", feixt der erfahrene Kapitän. Seit dreizehn Jahren ist er auf Großer Fahrt dabei und weiß, was auf ihn wartet.

Doch noch ist es nicht soweit. Noch schweben immer wieder neue bunte Container durch den milchigen Februarnebel heran, rummsen die Führungsschienen nutzend in die Bays und Rows des Schiffes. Bei Anbruch der Dunkelheit wird der Liegeplatz an dieser weltweit längsten Stromkaje gewechselt, noch mehr Container bei grellgelbem Flutlicht verladen und von der philippinischen Mannschaft anschließend fest verzurrt. Dieses „Laschen" der Blechboxen ist knallharte Arbeit und in der zugigen

Nasskälte wahrlich kein Zuckerschlecken. Froh ist, wer sich in seine warme Kammer verkrümeln und ein wenig ausruhen oder schlafen kann.

Dazu ist beim achtstündigen Durchfahren des Nord-Ostsee-Kanals bald viel Zeit. Auch Kapitän Wohlers ruht jetzt ein wenig, die Schiffsführung haben ein Kanallotse und die vorgeschriebenen zwei Kanalsteuerer (Rudergänger) übernommen. Thema auch hier: die Eissituation. Insgesamt achtzig Schiffe säßen aktuell vor St. Petersburg fest, wissen die Männer zu berichten. Und die russischen Eisbrecher würden zuerst die Tanker befreien getreu dem Motto: „Die wichtigsten Güter zuerst…" Alle anderen müssten warten und würden dann ebenfalls - vielleicht erst nach ein paar Tagen - in Konvois abgeholt und in die Häfen geleitet. Etliche der im Kanal entgegenkommenden und zurückkehrenden Schiffe haben ihre Eis-„Souvenirs" noch erkennbar dabei: von Eisbrocken übersäte Vordecks und Gangbords, Schleifspuren an Rumpf, Bug und Bugnase – ein Tanker fährt sogar noch ganze Eiszapfen spazieren.

Letzter Wortwechsel mit dem Kapitän vor Verlassen der Schleuse in Kiel-Holtenau: „Wohin?" – „Nach Hamina." – „Auweia, viel Eis da." – „Jau, sehr viel Eis." – Und grinsend zu den beiden einzigen Passagieren: „Unifeeder Adventure Tours: Sie buchen, wir fluchen." Raus geht's in die offene See, wo in den deutschen Küstengewässern bereits die ersten großen Felder mit „Pfannkuchen"-Treibeis auf die CARAT warten.

Inzwischen hat sich die Lage im Eis allerdings geändert. Ein kräftiger Wind aus Südwest hat das Eis aus der mittleren Ostsee abgedrängt und vom Wellengang zerbrochene Eisschollen zu Presseisrücken übereinander geschoben. Die liegen jetzt oberhalb von Gotland wie ein Riegel vorm finnischen Meerbusen, wo die Eisbildung in diesem Winter außerordentlich früh schon am 10. November eingesetzt hatte. Heftige Winde bei der seit Monaten andauernden Kälte hätten sogar vereinzelt Eiswände von bis zu 20 Metern gebildet, teilen finnische Meteorologen mit. In zahlreichen Küstengebieten mit vielen vorgelagerten Inseln müssten auch Eisbrecher inzwischen aufgeben, weil die Eisdecke zu kompakt sei. Einige nordfinnische Häfen an der Bottenvik sind inzwischen sogar gesperrt.

1987 war die Ostsee das letzte Mal dermaßen zugefroren. „Ursache für die diesjährige klirrende Kälte war ein kräftiges mehrwöchiges Hoch, das sich nur langsam von Skandinavien nach Russland bewegte und dabei die atlantischen Tiefdruckgebiete mit ihrer milderen Luft in ihrer West-Ost-Zugbahn blockierte. Gleichzeitig führte dieses Hoch auch arktische und sibirische Kaltluft nach Nord- und Osteuropa, wodurch es verbreitet strengen Frost und zweistellige Minusgrade gab." So der Deutsche Wetterdienst. Genau diese Konstellation war ideale Bedingung für die Eisbildung in der Ostsee, denn wegen ihres geringen Salzgehaltes beginnt die Eisbildung bereits bei minus 0,5 Grad.

Anhand der aktuellsten Eiskarte, auf der Eisdicke, Beschaffenheit und Bedeckungsgrad farblich unterschieden werden, entwirft der 34jährige Kapitän nun seinen Plan: er will zunächst dicht an der estnischen Küste längs, denn hier ist das Eis nur etwa 25 Zentimeter dick, ein Klacks für die CARAT. Danach quer rüber durchs kompaktere Eis nach Hamina. Schon schwieriger. Achtzehn Stunden habe er beim letzten Mal auf der Brücke selbst gesteuert - mal sehen, wie es diesmal kommt. Wann denn Hamina erreicht wird? Morgens um zehn, schätzt Wohlers. Aber nur, wenn er eine freie Fahrrinne finden würde. Und wenn nicht? Dann eben abends um zehn.

Derweil müssen draußen im pfeifenden Wind die 231 Kühlcontainer überprüft werden. Kadett Elena (32) von der Seefahrtschule Warnemünde übernimmt diese zugige Routinearbeit. Die einzige Frau und im Praxissemester an Bord, liest an jedem „Reefer" einen vierstelligen Code und die Temperatur ab. Danach Abgleich mit den Sollwerten. Ein wenig absurd mutet das Unterfangen schon an: was soll den argentinischen Rinderhälften hier schon passieren, wenn ein Kühlaggregat versagt? Bei minus 10 Grad Celsius? „Für die Versicherung", klärt Helena auf. Eigentlich nur dafür. Viel Papierkram sei das. Wie so vieles an Bord: Formulare, Berichte, Tabellen, Faxe, Listen, E-mails, Logbücher, Reports usw. usf.

Die ganze Nacht hindurch kommt die CARAT zügig voran. Sie hat Eisklasse 1A, viel Stahl am Bug und mit 12.000 PS ordentlich Power im Maschinenraum. Nur Schiffe mindestens dieser Eisklasse und einer Mindesttonnage von 2.000 dwt (dead weight tonnage, entspricht der Tragfähigkeit) dürfen in diesen Gewässern jetzt überhaupt noch fahren. Doch das sind noch ziemlich viele, die meisten auf dem Weg von oder nach St. Petersburg. Auf diesem maritimen Highway läuft die CARAT konstant ihre 17 Knoten (ca. 32 km/h) und drei lichtstarke Scheinwerfer leuchten ihr den Weg aus. Geführt mittels Joystick fingern ihre weißen und gelben Lichtkegel nächtens über die Eiswüste, damit das Schiff Kraft sparend in der Fahrrinne gehalten werden kann.

Am nächsten Morgen sieht die Lage anders aus: Die Masse der Schiffe zieht weiter Richtung St. Petersburg, nur die CARAT verlässt den Konvoi und versucht sich nach Hamina allein durchzuschlagen. Auf dem Weg dorthin wird das Eis immer kompakter, immer dicker, immer schwerer zu knacken. Begleitet von einem Höllenlärm fängt das Schiff an zu vibrieren und zu schaukeln und verliert mächtig an Fahrt. Bei nur noch drei Knoten könnte man glatt nebenher laufen. Und dann ist es auch soweit: das Schiff bleibt im Eis stecken. Nichts geht mehr? Nicht mit Kapitän Wohlers. Der lässt die CARAT langsam in der Fahrrinne zurücksetzen und nimmt einen neuen Anlauf. Wumms! Das Eis bricht auf, gibt nach und den Weg zunächst wieder frei. Weiter geht es. Ein Schiff exakt auf Kurs zu halten, sei jetzt nur noch bedingt möglich, erklärt der Kapitän. Da, wo das 50 cm dicke Eis aufplatzt, oder sich freies Wasser auftut, oder noch eine alte Fahrrinne verläuft: da geht es lang. „Der Weg ist das Ziel", philosophiert Wohlers. Und man könnte hinzufügen: und zwar der des geringsten Widerstandes!

Dieses mühselig sich wiederholende Fahren, Festsitzen, Zurücksetzen, Rammen, Weiterfahren dauert Stunde um Stunde. Immerhin: die CARAT kommt voran - andere mussten längst aufgeben und liegen schlapp irgendwo im Eis festgesetzt und bewegungsunfähig herum. Reger um Hilfe bittender Funkverkehr mit dem hier operierenden Eisbrecher URHO ist die Folge. Die URHO, benannt nach dem früheren finnischen Präsidenten Urho Kekkonen, ist einer von insgesamt drei im Finnischen Meerbusen eingesetzten finnischen Eisbrechern, denn das Land ist auf den Handel über See angewiesen: 80 Prozent des Exports - seien es Papierprodukte von Stora Enso, Handys von Nokia oder Pulsmesser von Polar - werden über die Häfen abgewickelt. Sämtliche finnische Häfen sind als einzige weltweit den Winter über zugefroren, weshalb der Staat sich Eisbrecherunterstützung auch einiges kosten lässt.

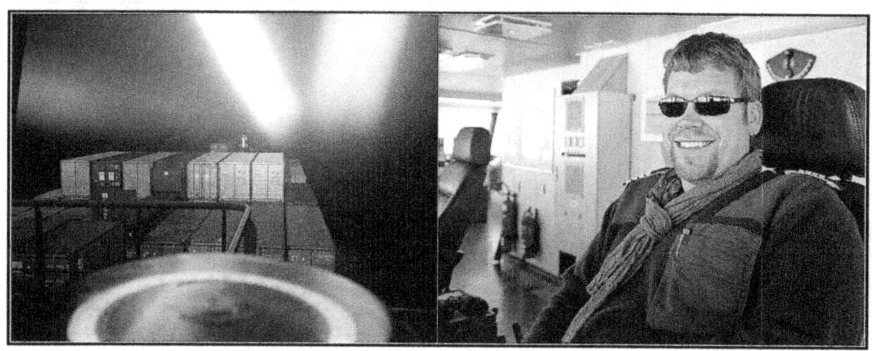

In diesem Jahrhundert-Eiswinter kommt allerdings die gesamte Eisbrecherflotte der Ostsee-Anrainer nicht zur Ruhe. Zur Zeit operieren elf russische, neun schwedische, ein lettischer und acht finnische Kraftprotze in den zugefroren Gewässern – die KONTIO, SISU, FENNICA, VARMA, KAPITAN ZARUBIN, TOR, YURI LISYANSKI, ATLE, VIDAR VIKING, SCANDIA und wie sie alle heißen. Bis Mitte Februar hatten allein die sechs Eisbrecher der schwedischen Schifffahrtsbehörde 1.131 Fahrzeugen assistiert und 48 geschleppt. Sie haben dabei 36.237 nautische Meilen zurückgelegt, sind also mehr als eineinhalb Mal um den Globus gefahren.

Derweil steigt auf der CARAT die Stimmung. Nach einem kurzen Schneegestöber bläst ein kräftiger Wind die Wolken davon und ein stahlblauer Himmel erfreut die Gemüter. Auch hat der „alte Fuchs" (Elena über Wohlers) sich aus der letzten Eis-Umklammerung befreit, eine Fahrrinne gefunden und sich geschickt hinter die vorbeirauschende BIRKA EXPRESS eine fast mühelos durchs Eis gleitende Finnlines-Fähre, gehangen. Gewaltiges Brucheis torkelt jetzt laut pochend, hämmernd und polternd an der Bordwand längs, verwirbelt achtern und glänzt dabei türkisfarben im gleißenden Sonnenlicht. Ein auf dem Eis dösendes Robbenweibchen nebst Jungem lässt sich selbst davon aber nicht stören. Zügig vorbei geht's an der URHO mit ihrem riesigen ockerfarbenen Deckshaus, die gerade einen Bulker der Wagenboorg-Reederei freikämpft, und zu guter Letzt mit Lotsenunterstützung im Slalom durch die auch im Eiswinter idyllische Schärenlandschaft nach Hamina. Ankunft 16.00 Uhr. Geschafft!

Eigentlich könnte unsere Geschichte jetzt vorbei sei. Eigentlich. Doch die CARAT hat nach dem Löschen in Hamina noch 460 Container an Bord, die nach Helsinki gebracht werden müssen – mitten durch die Schären, wo das Eis am dicksten und kompaktesten ist. Los geht's also am anderen Morgen und wieder scheint Wohlers Glück zu haben. Er hängt sich hinter eine aus Kotka kommende Fähre und bleibt konsequent in der von ihr gespurten Fahrrinne. Doch die Fähre ist schneller, verschwindet irgendwann am Horizont und lässt die CARAT allein. Der eisige Wind und Minusgrade lassen die Fahrrinne schneller zufrieren, als Wohlers das lieb ist, und so beginnt erneut der Kampf Schiff gegen Eis, den das 141 Meter lange und 23 Meter breite Feederschiff diesmal verliert. Kurz vor Einbruch der Dunkelheit bleibt die CARAT endgültig im Eis stecken und driftet mit einem Knoten Geschwindigkeit dahin. Nichts geht mehr. Wohlers bittet die sich in Sichtweite befindliche FENNICA um Unterstützung und bekommt diese auch wenig später.

Der bullige Eisbrecher setzt sich vor die CARAT und zieht - das Packeis wie Butter durchschneidend - diese bis zur nächsten Fahrrinne hinter sich her, um sich dann wieder in die Dunkelheit zu verabschieden. Zu allem Überdruss gerät die CARAT kurz vorm Ziel auch noch in einen kräftigen Schneesturm und erreicht nach zähen zwölf Stunden Fahrzeit endlich den Hafen Helsinki Vuosaari. Normalerweise braucht ein Schiff für diese Überfahrt ganze drei Stunden. Aber was soll's? Wohlers hätte sich noch alle Zeit der Welt lassen können, denn die finnischen Hafenarbeiter gehen aktuell mal wieder einer ihrer Lieblingsbeschäftigungen nach: sie streiken. Ende offen. Die CARAT sitzt schon wieder fest.

„FRED AROUND THE WORLD" – EIN PLÜSCHMASKOTTCHEN AUF WELTREISE

Sein einjähriges Jubiläum feierte Fred im Weißen Meer, sein zweijähriges auf dem Weg nach Jakarta, sein dreijähriges in der Antarktis: Unverdrossen wird der knuddelige Fred von einer Schiffscrew zur nächsten weitergereicht, erlebt die abenteuerlichsten Geschichten, war schon auf allen sieben Meeren und den fünf Kontinenten und avancierte inzwischen zum Sympathieträger für die internationale Seefahrt. Ende seiner Weltreise: offen.

Darf ich Ihnen Fred vorstellen? Fred befindet sich seit nunmehr über fünf Jahren auf Kreuzfahrt und war schon auf Malta, in New York und Mumbai, in der Karibik, durchfuhr den Panama-Kanal, besuchte Singapur, Hongkong und Spitzbergen. Neidisch? Nun, es kommt noch besser. Fred reist für lau, zahlt keinen Cent, wird verwöhnt rund um die Uhr und ein Ende der Reise ist überhaupt nicht in Sicht. Er hat allerdings auch keinerlei

Gepäck dabei und verzehrt nichts. Das ist Ihnen jetzt zuviel Seemannsgarn? Aber nein, hinter Fred verbirgt sich ein pfiffiges Projekt für Seeleute und Landratten zugleich.

Fred reist also auf Schiffen um die Welt. Seine Fahrt ins Ungewisse begann im Juli 2010 auf dem Segelboot BARECK, mit dem ihn sein Pate Martin die Elbe abwärts von Wedel nach Brunsbüttel brachte. Seine Mutter Gudrun konnte nicht dabei sein, die hatte im thüringischen Sonneberg genug in ihrer Manufaktur für Spielwaren zu tun, wo auch Fred „geboren" wurde. Denn Fred ist ein dreißig Zentimeter großes weißgraues Plüschmaskottchen mit schwarzen süßen Panda-Kulleraugen, gesteckt in eine maßgeschneiderte orangefarbene „Fred Rescue"-Rettungsweste. Fred sieht aus wie ein Erdhörnchen und ist eine Erfindung von Axel Will (53) und Martin Leuschner (35) - der eine war selbst jahrelang als Kapitän auf den Weltmeeren unterwegs und arbeitet jetzt als Elblotse, der andere entwickelt Software für die maritime Wirtschaft.

Ein am Schlüsselbund hängendes Stofftier brachte Will auf die Idee: „Oft wurden wir nach dem Grund für dieses Projekt gefragt. Es wurde spekuliert, ob wir auf die schwierige Situation der Seeleute aufmerksam machen wollten, oder ob wir eine „Message" hätten. Nein, das Projekt "Fred" sollte einfach nur Spaß machen. Allen die sich daran beteiligen und natürlich uns."

Fred ist ständig auf der Suche nach Paten, die ihn auf seine große Reise mitnehmen. Die sollen sich für ihn und das Projekt begeistern, Fotos machen („of you and me, of me on the bridge, at the barbecue party and in front of beautiful scenery") und interessante Berichte schreiben über „Menschen und Schiffe, über den Wind und das Wetter, über nah und fern". Alle Menschen auf der Welt sollen daran teilhaben, indem sie das Logbuch lesen und die Bilder bestaunen können. Und? Es funktioniert!

Auf inzwischen dreißig Schiffen (vom Containerfeeder und Gastanker bis zum noblen Luxusliner, Expeditionsschiff und einer Segelyacht) fuhr Fred bislang mit, unzählige Berichte verzeichnet das Logbuch seitdem, die mit Hunderten von Fotos illustriert wurden. Wir sehen Fred am Ruder auf der Kommandobrücke eines Atomeisbrechers, dann als Ehrengast einer zünftigen Barbecue-Party, Karussell fahren auf einem Kreiselkompass oder zum Schnorcheln bereit mit überdimensionaler Taucherbrille. Er wurde abgelichtet während einer Feuerschutzübung, Seekarten und Monitore studierend, Cocktails schlürfend, in einer finnischen Sauna schwitzend oder Wache schiebend an einer Gangway. Bei Captain Oleg aus der Ukraine wird er kurzerhand zum 3. Offizier ernannt („He is a very clever young fellow"), auf einem Forschungsschiff erhält er einen echten Crew-Ausweis, lernt das Segeln "von der Pike auf" und die Entertainment-Truppe eines Kreuzfahrtschiffes lässt ihn Durchsagen machen.

Fred ist mal seekrank, hat Heimweh, dann kann er vor Aufregung nicht schlafen, weil es nach Russland geht. In Portugal wird ihm verboten, das Schiff zu verlassen: Fred wollte Nachtclubs aufsuchen. Fred geht fischen, spielt Bingo, Tischfußball oder Kniffel, macht einen Zodiac-Schlauchboot-Führerschein (ausgestellt von S. Cherz), hält Wache auf der Brücke, hilft in der Kombüse und posiert vor den Sehenswürdigkeiten dieser Welt. Wir erfahren, dass er viel fern guckt, eine Diät angetreten hat, seine Kabine selbst reinigt, nach dem Klabautermann sucht oder hinter Mädels herschaut. Einmal muss er vor wilden (Plüsch-)Tieren "gerettet" werden, die ihn verspeisen wollen. In Kolumbien landete er sogar volltrunken in einer Ausnüchterungszelle und in Hongkong gegen seinen Widerstand in der Waschmaschine! Als Weltenbummler Fred mit dem Expeditionsschiff NATIONAL GEOGRAPHIC EXPLORER auf den Spuren Fridtjof Nansens im Franz-Josef-Land weilte, sorgte sich Martin Leuschner: „Wir hätten ihm

Thermowäsche anziehen sollen…" Doch Fred wurde wenigstens ein wärmender Schal umgebunden und es gab Glühwein.

Ende 2010 war Fred für ein paar Wochen verschwunden. Aufregung in Hamburg: sollte das Projekt ein jähes Ende nehmen? Freds Aufenthalt auf der MSC SPLENDIDA sei ein „großes Mysterium" gewesen, wurde der Fangemeinde mitgeteilt. Tatsächlich musste das Team aus Freds Heimatstadt mit tatkräftiger Unterstützung einer Reederei eine Suchaktion starten: sogar „Wanted-Poster" von Matrosen mit Freds Foto wurden in den Frachtern aufgehängt, bis Fred versteckt als Blinder Passagier in einer Plastiktüte in Südamerika wieder aufgespürt wurde und seine Reise auf einem Kreuzfahrtschiff fortsetzen konnte.

Als das Stofftierchen mit Luftpost versandt nach 308 Tagen wieder in Hamburg eintraf (Fred hatte seine Einschiffung in Buenos Aires verpasst…), wurde es sofort erneut vom Reisefieber, dem „travel bug", gepackt. Mit ihrem Projekt „Fred around the world (FRATWO)" knüpfen die beiden Macher an diese gleichnamige Spielart des „Geocaching" an: „Travel bugs" sind Gegenstände, die von Geocachern von einem Versteck zu einem anderen transportiert werden und deren dabei zurückgelegter Weg auf speziellen Internetseiten protokolliert wird. Zu diesem Zweck ist jeder Travel Bug über eine eindeutige Zahlenkombination identifizierbar. Bei „FRATWO" wird das Ganze nun mächtig ausgeweitet und professionell mit einem aufwändigen Internetauftritt unterstützt: natürlich sehen wir auf einer Weltkarte immer, wo Fred sich gerade aufhält und bereits aufgehalten hat (genutzt wird eine frei editierbare „OpenStreetMap"). Wir können uns in seiner interaktiven Kabine umtun, die Logbucheinträge studieren oder ins Fotoalbum gucken. Das Neueste können wir uns twittern lassen oder auf „facebook" mitverfolgen.

Wie in der internationalen Seefahrt üblich ist das Ganze – ohne jeglichen kommerziellen Hintergrund - in Englisch abgefasst. Eine deutsche Version ist online, so dass auch Menschen mit nicht so guten Englischkenntnissen Fred auf seinen Reisen begleiten können. Es gibt einen Pressebereich mit Artikeln über die Aktion und ein Gästebuch: „Die ganzen Fusselviecher in Wohnmobilen, Autos oder an Rucksäcken finde ich recht albern. Fred ist aber geil. Mal kein Warmduscher." Dort meldeten sich unter anderem der „Reise-Elch" Olaf, eine „Reisemaus", der „Gustav Travelduck", eine Reise-„Schnulli", der „Hase Cäsar" und das Stinktier „Stinky", von dem Fred zu einer Busfahrt durch Lübeck eingeladen wurde. Originell auch dieser Eintrag: „Sollte Fred einmal Urlaub machen, würde ich gerne als Ersatz einspringen…"

Am meisten Spaß scheinen aber die vielen Paten – Lotsen, Kapitäne, Köche, Matrosen, Offiziere, Disponenten, Reedereimitarbeiter, Schiffsmakler, Agenten - selbst zu haben. Mal liefern sie Reiseberichte ab, dann wieder erfinden sie witzige Geschichten oder arrangieren mit und rund um einen vermenschlichten Fred ihre zum Teil skurrilen Fotos und vermissen ihn, wenn er mal wieder weitergereicht wird: "Vielen Dank an Captain Maggi und ihre Crew für all diese Abenteuer. I will miss you all." Ab und zu ist der „Superstar unter den Maskottchen" (ein Fan) auch mal zu Hause in Hamburg, lässt sich vom NDR interviewen, schiebt Wache beim DLRG oder hilft bei der Wasserschutzpolizei und in der Seemannsmission „Duckdalben". Auch ein Praktikum bei „Barkassen-Meyer" hat er schon absolviert.

Doch immer wieder zieht es ihn hinaus aufs weite Meer. An Bord des Kühlschiffes CALA PINO und besuchte Fred das einstige berüchtigte Piratennest Cartagena in Kolumbien. Zu seinem dreijährigen Reisejubiläum befand sich Fred auf dem Forschungsschiff POLARSTERN in der Antarktis. Während der Reise dorthin wurden ihm noch schnell Fäustlinge und Thermohose geschneidert, Mütze und Schal gehäkelt, so dass Fred bei allen Expeditionen dabei sein konnte. An Bord der DAWN PRINCESS, einem Kreuzfahrer, verwirklichte er sich einen lang ersehnten Traum: eine Passage nach Neuseeland und Australien. Überhaupt mag Fred den Luxus von Kreuzfahrtschiffen am liebsten. Angeblich. Im Duty-Free-Shop der MS OPERA fand man ihn zum Beispiel vollgefressen inmitten eines Berges von Schweizer Schokolade.

Als letztes schiffte Fred sich im Bremer Holzhafen auf den Tanker SEABASS ein, wo Kapitän Högemann sich um ihn kümmern wird. In seinem neuen Rucksack, den er zum fünften Geburtstag geschenkt bekam, befinden sich jetzt ein Praktikumszeugnis, eine Haarbürste, eine kleine Tüte Gummibärchen, eine Karte der Küstenregion vor Primorsk (Russland) und ein Ausweis, den "DS-Mineralöl GmbH" ihm ausgestellt hat, damit er überhaupt an Bord gelassen wurde. Denn eigentlich haben Passagiere auf Tankern nichts zu suchen. Bislang wurde also „stets ein Schiff gefunden, das ihn mitnehmen wollte". Und „die Nähte halten immer noch" sagen Will und Leuschner. Denn Freds Reise geht immer weiter, ganz bestimmt.

Hier die Mitfahrgelegenheit: www.fred-around-the-world.de

MIT EMMA AUF FJORDHAFEN-HOPPING - STAMPFEN UND ROLLEN INKLUSIVE

Erlebnis Schiffsreise in Norwegens Schären und Fjorde: Für ein Millionenpublikum ist dies untrennbar verbunden mit den legendären „Hurtigruten", für einige ganz wenige hingegen mit den profanen Namen EMMA oder TINA. Dabei bietet ein Trip mit einem dieser beiden Frachter, was der hurtigen Route immer mehr abhanden zu kommen droht: hier werden noch vorrangig Güter transportiert und Passagiere dürfen gelegentlich mitfahren - und nicht umgekehrt.

„Endlich kann ich Sie bei mir an Bord begrüßen. Sie haben sich ein tolles Reisegebiet ausgesucht und ich werde Sie gern dorthin bringen." „Liebe EMMA", ist der Gast geneigt zu entgegnen, „ich freue mich auf sieben Tage Seereise mit Dir, Deine Kammer hier ist ja sogar gemütlich, sauber und komfortabel und ich bin schon ganz aufgeregt, was mich erwartet." Beruhigend fährt das in der Eignerkabine „Sommer" ausliegende Begrüßungsschreiben fort: „Ich bin eine knackige alte Dame, die mit jedem Wetter auf See bisher anstandslos fertig wurde. Also freuen Sie sich auf die Reise und haben Sie grenzenloses Vertrauen zu mir und meiner Besatzung." Na dann los: Auf nach Norwegen!

EMMA, 1985 auf der längst nicht mehr existenten Brand-Werft in Oldenburg gebaut und damit für ein Schiff zweifellos zum älteren Semester gehörend, wird seit Jahren im Pendelverkehr zwischen Hamburg, Bremerhaven oder Rotterdam zu Norwegens Westküste zwischen Stavanger im Süden und Floroe im Norden eingesetzt. Ebenso seit über einem Jahrzehnt gelebte Tradition bei der Reederei Baum in Nordenham ist die Mitnahme von Passagieren während der Sommermonate, die so in den Genuss unvergessener Erlebnisse kommen. Seefahrt zum Anfassen für die Paxe, ein paar Euro Zuverdienst für die Reederei: ein Joint Venture der besonderen Art also.

EMMAs Reise beginnt diese Woche in Moerdijk, dem südlichsten und am tiefsten im Landesinneren gelegenen Seehafen der Niederlande, wo sie mit den unterschiedlichsten Containern beladen wurde. 20- und 40-Fuß-Standardboxen, aber auch 45-Fuß-High-Cube-Container für Röhren, Tankcontainer für Gefahrgut, seitlich offene Flatracks oder Leercontainer, alles ist dabei dieses Mal. Es ist schon stockdunkel, als endlich der Lotse an Bord kommt, der auf der nun folgenden vierstündigen nächtlichen Revierfahrt durch die Häfen von Dordrecht, die Maas entlang, und schließlich die schier nicht enden wollenden Anlagen des größten Hafens Europas passierend das Steuer übernimmt.

Wer jetzt schläft, verpasst eine Illumination, eine regelrechte Lichterorgie sondergleichen. Terminals, Raffinerien, Chemieanlagen, Kräne,

Bürogebäude, Brücken, Kraftwerke, Straßen und Werften wetteifern darum, wer die Nacht am besten zum Tag machen kann.

Gelbe Lichterketten und Lichterkränze, weiße Lichterkaskaden, giftgrüne Scheinwerfer, blaue Halogen-Spotlights – alles, was leuchten und blinken kann, ist hier angetreten zur größten Show, die industrielle Komplexe heutzutage zu bieten haben. Kilometer um Kilometer. Wie Watte wabern mal von unten, mal von der Seite aufgehellte Wasserdampfwölkchen und Schwaden durch die Halo-Neon-Szenerie. Spiegelungen im Wasser von Hafenbecken und Fluss verstärken die Effekte noch. Eher niedlich und verspielt wirken dabei die roten Lämpchen, die nach oben hin über den ganzen von Lichtern umkettelten Anlagen den jeweiligen Abschluss bilden. Das Wachbleiben lohnt sich.

Am Hoek von Holland hat das Beleuchtungs-Spektakel ein Ende. Als es ins offene Meer hinausgeht, erklärt der Lotse noch schnell im Rudi Carrell-Deutsch, warum hier die Fahrrinne von bislang 600 Metern Breite um weitere 240 Meter erweitert werden muss: „For die großen Tänkers." Und dass es hier draußen bald eine neue schwimmende Lotsenstation geben wird, aber nicht so einen Katamaran wie in der Elbmündung. "For twelf Milliönen Euros." Dann holt ihn das Versetzboot ab, rauscht davon und lässt EMMA in der Dunkelheit allein. Die dampft mit 13 Knoten jetzt durch die graue Nordsee, Zielhafen Risavika, und darauf hoffend, dass die Überfahrt nicht allzu ungemütlich wird. Wäre für diese Jahreszeit, im Frühjahr, nicht ungewöhnlich.

Wovon wird man eigentlich seekrank? Wird jeder seekrank? Kann man sich dagegen wehren? Und gibt es ein Mittel dagegen? So viele Fragen. Die Schlüsselbegriffe zu Angst-Thema Nummer Eins von Seetouristen heißen „Stampfen" und „Rollen", wobei hier nicht Tätigkeiten des Schiffskochs beim Herstellen von Kartoffelbrei oder Blätterteig gemeint sind, sondern die Bewegungen eines Schiffes auf hoher See. Rauf und runter: Stampfen. Hinundher-Schaukeln: Rollen. Beides zugleich: Antwort auf Frage eins. Kreuzfahrtschiffe fahren dann ihre Stabilisatoren aus, damit die Schiffsärzte nicht so viel zu tun haben und die Gäste nicht merken, dass sie auf einem Schiff sind.

EMMA verfügt weder über einen Schiffsarzt noch über Stabilisatoren und muss durch die südliche Nordsee, als diese sich dann doch von ihrer eher launisch-kabbeligen Seite zeigt und immer aufgewühlter mit dem Schiff zu spielen beginnt. EMMA stampft merklich - das ist wie Fahrstuhl fahren oder mit dem Riesenrad immer auf derselben Seite hoch und wieder runter und wieder hoch und wieder runter. Unten angekommen gibt es einen Tritt gegen den Bug, so als würde das Schiff erstmal kurz abgestoppt. Das ist natürlich pure Einbildung. Tatsächlich bleibt Emma mit konstanter Geschwindigkeit auf Kurs, zerschneidet die anrollenden Wellen, zerteilt sie, so dass weiße Gischt sich über die vorderen Aufbauten und Container ergießt.

Man muss dabei nicht seekrank werden, aber man kann es. Soll nicht so angenehm sein. Der 28jährige erste Offizier an Bord, Jurij Logutenkov aus Litauen, verweist beruhigend auf seinen prall gefüllten Medikamentenschrank und grinst dabei. Als ob es ein Mittel gegen Seekrankheit, im Fachjargon Kinetose genannt, gäbe. Gibt es aber nicht wirklich. Die einen verkriechen sich in ihre Koje und wollen am liebsten sterben, die anderen starren unentwegt auf den Horizont und schnappen nach Frischluft. Das Problem besteht eben darin, dass der Körper etwas anders macht, als das Auge sieht oder umgekehrt. Und das kommt von der Flüssigkeit im Innenohr, die jetzt so rumschwappt wie die aufgewühlte See und das Hirn dabei ganz gaga macht. Jedenfalls ist es das Beste, wenn alles vorbei ist. Und siehe da: Die Nordsee erweist sich diesmal gnädig, beruhigt sich wieder und hat nur kurz angedeutet, was es mit dem Stampfen und Rollen auf sich hat. Sechsunddreißig Stunden dauert die Überfahrt nach Skandinavien. Wenn die unzähligen Ölplattformen, wo Norwegens ganzer Reichtum für die milliardenschwere Pensionskasse aus dem Meer sprudelt, auftauchen, ist das Ziel bald erreicht.

Kapitänswechsel im Hafen von Risavika nahe Norwegens Ölmetropole Stavanger. Doch kaum an Bord, gibt es schon schlechte Nachrichten für Kjell Knutsen (53). EMMA, die der aus Kristiansund stammende Kapitän von seinem Kollegen Inge Hatle übernimmt, wird zwei Stunden warten müssen, bevor sie in den Sandsfjord einlaufen kann. EMMAs Liegeplatz ist noch nicht frei, dort oben in Sauda, ganz am Ende des sich hinziehenden Fjordes. Während Kollege Hatle gut gelaunt zusieht, dass er den Flieger in seine Heimatstadt Alesund erreicht, heißt es also erstmal Warten für Knutsen, der verärgert vor sich hinbrummt und Undefinierbares in sich, sein großkariertes Norwegerhemd, das er die ganze Fahrt über nicht wieder ausziehen wird, und sein angedeutetes Kinnbärtchen hinein nuschelt. Wie so oft bei diesen Trampfahrten zu den kleinen und noch kleineren Häfen im Westen Norwegens läuft mal wieder wenig nach Plan, aber natürlich nichts planlos.

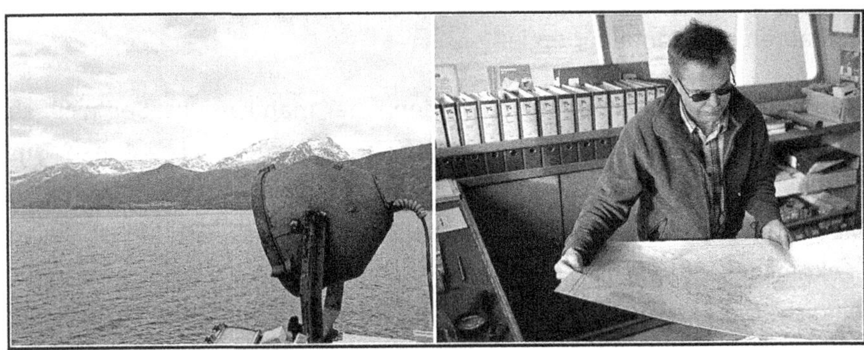

Die beiden norwegischen Kapitäne Knutsen und Hatle lösen sich alle sechs Wochen auf dem Schiff ab. Sie kennen diese Region hier mit ihren unzähligen Schären, engen Durchfahrten, gefährlichen Felsformationen und tückischen Strömungen wie ihre Westentasche. Da, wo Lotsenpflicht besteht, verfügen die beiden über hart erarbeitete

Freistellungsbescheinigungen (so genannte „Pilotage Exemption Certificates"), so dass sie EMMA selbst durch die nautisch anspruchsvollen Reviere steuern dürfen und die Reederei eine Menge an Lotsengebühren spart.

Als Knutsen in der Abenddämmerung endlich in den Sandsfjord einfährt, muss er sein nautisches Können bereits unter Beweis stellen. Wie ein Bandwurm, an den engsten Stellen nur 200 Meter breit, windet sich streckenweise der Fjord ins Landesinnere. Costa-Capitano Schettino Dilettanto sollte hier besser nicht das Steuer übernehmen, das Knutsen hochkonzentriert in den Händen liegt. Mit nur wenigen Knoten, man könnte locker nebenher radeln, schiebt, nein tastet EMMA sich vorsichtig in den Fjord hinein. Glatt gestrichenes Wasser wellt sich - vom Bug des Schiffes durchteilt - Richtung Achtern, zu hören ist dabei nur das monotone Brummen der Schiffsmotoren, ansonsten liegt eine gespenstisch beschauliche Stille über der Szenerie.

Es wird immer dunkler, die Nacht bricht an. Hat EMMA eine Biegung hinter sich gelassen, scheint sie auf einem einsamen, dunklen See gelandet zu sein, wie auf einem Bergsee in den Hochalpen, aus dem es für den knapp 100 Meter langen und 16 Meter breiten Containerfrachter nun kein Entrinnen mehr zu geben scheint. Irgendwann leuchtet jedoch wieder ein rotes Licht auf. Ein zweites, drittes und viertes kommen, Durchfahrt und Weg markierend, hinzu. Und so schleicht sich EMMA nach Sauda, links und rechts steil aufsteigende Berge von über Tausend Metern Höhe, unterm Kiel mehrere Hundert Meter Wasser. Norwegens faszinierende Fjordwelt ist erreicht. Kreuzfahrtschiffe fahren hier jedenfalls nicht.

Wie in Sauda wird der Aufenthalt auch in den anderen kleinen Hafenstädten nicht lang sein, wenige Stunden nur. Ein paar Container abladen, vielleicht ein paar neue aufladen, und schon geht es weiter beim Hafenhopping zu Orten, deren Namen man im Geographieunterricht nun wirklich nie gehört hat: Husnet, Husoy, Egersund, Floroe, Skutevika, Marloy, Mo I Rana, Svelgen, Hoegset, Knarrevik, Sunndalsoera und wie sie alle heißen. Zum Teil Orte mit nur wenigen Häusern, ein paar Hundert

Einwohnern, aber Hafenanlagen, wo die dicksten Pötte der Welt abgefertigt werden können. Dörfer mit von der Natur erschaffenen Tiefwasserhäfen sozusagen. Freilich stehen hier keine weit ausladenden Containerbrücken für das Laden und Löschen bereit, weshalb EMMA auch mit eigenem Ladegeschirr ausgestattet ist: zwei auf der Backbordseite hoch aufragende 40-Tonnen-Kräne, mit denen die Blechboxen schaukelnd aufgenommen und abgesetzt werden, Präzisionsarbeit für die beiden Kranführer Oleksandr Dzhugan (41) aus Odessa und Viaceslavas Stoliaras (37) aus Klaipeda. Präzisionsarbeit aber auch für den smarten 35jährigen zweiten Offizier Sergiy Gagalinsky aus der Ukraine, der − bisweilen der Verzweiflung nahe − immer wieder neue Staupläne für die Boxen entwickeln muss, um ein allzu häufiges und Zeit raubendes Hinundherbewegen der Container zu vermeiden und die Dinger optimal und vorschriftsmäßig zu platzieren. Die Kräne selbst werden tagein tagaus von Schlosser Igoris Latvis, 45 Jahre alt, in Schuss gehalten. Der Litauer flext und schweißt und hämmert und fettet jede Minute, wo die Kräne nicht in Betrieb sind.

In Husoy, einem ziemlich unwirtlichen Nest am Karmsund, gehen die ersten weiß gestrichenen und damit leicht als Kühlcontainer zu identifizierenden Boxen an Bord. Zum Beispiel die Nummer APRU 670623-3: 40 Fuß lang, Typ Integral-Reefer, Zielterminal ECT/Rotterdam, Auftraggeber APL Norway, 26.000 Kilo Inhalt. Davon gleich sechs Stück, die allesamt eiligst an die bordeigene Stromversorgung angeschlossen werden, damit die Kühlkette nicht unterbrochen wird. Denn ab sofort fährt Käpt'n Iglo auf der EMMA mit und könnte mit den rund 150.000 Kilogramm „frozen fish", „frozen salmon" oder „box frozen mackerel", die die Ladepapiere ausweisen, die gesamte russisch-ukrainisch-litauische Crew die nächsten 130 Jahre täglich mit reichlich Fischstäbchen versorgen.

Für das leibliche Wohl indes ist die einzige Frau an Bord zuständig: seit zehn Jahren bekocht die 50jährige Liudmila Titova Besatzung und Passagiere abwechslungsreich-deftig drei Mal am Tag, wobei rote Beete, Schmand und Salzgurken nie fehlen dürfen.

Die Crew hat jetzt jedenfalls eine Aufgabe mehr am Hals: die vorgeschriebene Kühltemperatur - für gefrorenes Fischfilet sind das minus 23 Grad - muss penibel eingehalten und alle sechs Stunden bei Wind und Wetter kontrolliert und protokolliert werden. Einmal sei ein ganzer Tag der Strom ausgefallen, erzählt Bootsmann Vladimir Kaveckij, der schon zu UdSSR-Zeiten auf Fischtrawlern mitfuhr und vorne im Kabelgatt selbst gefangenen und in Streifen geschnittenen Fisch räuchert. Die Temperatur sei aber nur um ein Grad gestiegen, so gut isoliert seien diese Spezialcontainer. Norwegen ist der drittgrößte Fischexporteur der Welt – einen winzigen Teil der Ware im Wert von über 6,5 Milliarden Euro jährlich hat EMMA jetzt an Bord.

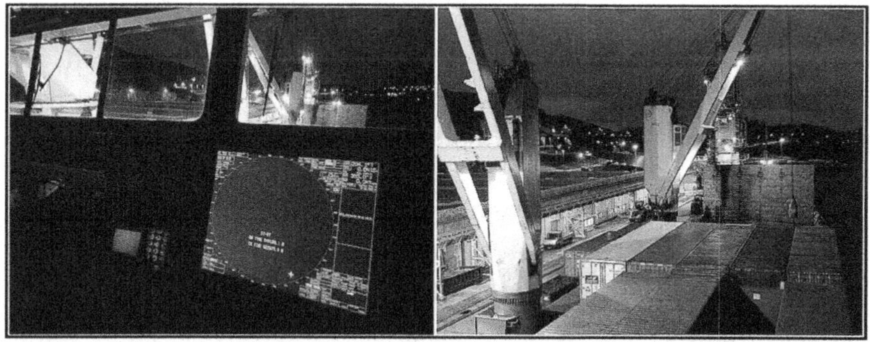

Gefrorener Fisch wird zum einen von der norwegischen Fangflotte entlang der gesamten Westküste angelandet, um von dort Reisen in alle Welt anzutreten - Hauptsache die Gefrierkette wird aufrecht erhalten, da nur so die Aktivität von Mikroorganismen zum Erliegen kommt und die enzymatischen Abbauprozesse stark eingeschränkt werden. 62 Prozent des exportierten Seafoods stammen allerdings inzwischen aus einer der über achthundert Aquakulturen, die hier in den Schären und Fjorden im Laufe der letzten Jahre angelegt wurden. Auf der Weiterfahrt nach Bergen kommt auch EMMA an Dutzenden dieser in Norwegen „erfundenen" Fischfarmen (von Tierschützern spöttisch „Hühnerbatterien des Meeres" bezeichnet) vorbei: kreisrunde, etwas dreißig Meter tiefe Netzgehege, die Ende der 60er Jahre erstmals von den Brüdern Sivert und Ove Groentvendt in Hitra nahe Trondheim erprobt wurden. Heute dominiert Norwegen das Geschäft mit Lachs; Marktführer ist das in Oslo börsennotierte "Marine Harvest" des Milliardärs John Fredriksen. Das Unternehmen war eigens gegründet worden, um Fischfarmen in aller Welt zu kaufen. Im Jahr 2013 übernahm Marine Harvest auch noch den weltgrößten Hersteller von Räucherlachs, die polnische Morpol-Gruppe. Die hier aus dem Wasser springenden Lachse jedenfalls sind mit dem bloßen Auge zu erkennen.

EMMA passiert Haugesund, Sitz der North-Sea Container Line (NCL), für deren Charter EMMA fährt. Erst 1994 von Arne Jakobsen gegründet, hat die NCL inzwischen sieben Schiffe unter Vertrag, die im wachsenden Warenfluss von der Westküste und dorthin rund um die Uhr unterwegs sind. Seefracht hierher bietet nämlich viele Vorteile: gegenüber dem aufwändigen über die berüchtigten Serpentinen führenden LKW-Transport werden Pünktlichkeit und Schnelligkeit zu den von der Landseite schwer zu erreichenden Orten garantiert und zwar zu günstigen Preisen und mit einem klaren Plus für die Umwelt.

Der Transport von gefrorenem Fisch, mit dem das Unternehmen seinerzeit begann, ist nach wie vor ein wichtiges Standbein. Wegen der großen Nachfrage während der Fischfangsaison für Heringe wurde jüngst der Linienverkehr nach Hamburg durch ein zusätzliches Schiff verstärkt. Aber EMMA & Co. fahren inzwischen auch für Skandinaviens größten Möbelhersteller Ekornes, für den Aluminiumproduzenten Norsk Hydro, für den Siliziumhersteller Elkem und andere Unternehmen. In der Gegenrichtung gehen in erster Linie chemische Produkte und Baustoffe sowie Konsumgüter wie Bekleidung, Schuhe und Lebensmittel in den Versand. Allein ein ganzer Container voll mit Spielzeug, ein weiterer mit Fahrrädern und mehrere mit Kaffee werden dieses Mal in Bergen angelandet.

Dort, in Bergen, ändert sich für EMMA auf dieser Tour ein siebtes Mal der Fahrplan. „New Schedule", stöhnt Kapitän Knutsen, hängt einen Ausdruck an die Pinwand auf seiner Brücke, und schmeißt den zerknüddelten Vorgänger in den Papierkorb. EMMA soll zurück nach Husnet, wo sie gerade gewesen ist, und dann weiter hinein in den Hardangerfjord bis nach Alvik am anderen Ende. Das sind zusätzliche sechs Stunden

Revierfahrt hinein und sechs Stunden lang wieder hinaus, bis das offene Meer erreicht ist. Ein halber Tag für ein paar Container!

Als wolle Alvik sich entschuldigen, hält es einen besonders imposanten Dämmerabend für die ankommende EMMA mit ihren weit aufragenden ockergelb gestrichen Bordkränen, für Passagiere und die Crew bereit: windstill liegt der ganze Fjord mitten in den stattlich auf über 1.500 Meter Höhe aufragenden Bergen, deren Schneedecke sich noch weiß glänzend bis tief hinunter zum blauen, ölig glattgestrichenen Wasser zieht. Alles ist dabei in ein fast mystisch anmutendes blaues Licht getaucht. Ein Anblick, von dem man nicht lassen kann. Es röche auch nach Ozon, behauptet Jurij, und solch intensive blaue Stunden, die gäbe es nur hier: auf dem Wasser, im Fjordland. Und all das nur für die fleißige EMMA, scherzt der 28jährige, um seiner ersten großen Liebe zur See ein Kompliment zu machen.

URLAUB AUF DEM CONTAINER-SHUTTLE AVISO

Wer als Passagier auf einem Binnenschiff mitfahren möchte, hat die große Auswahl nicht. Keine zehn Schiffe bieten hierzulande die begehrten Mitreisemöglichkeiten an. Eins davon ist die AVISO 1, die auf der Unterweser Container zwischen Bremerhaven und Bremen hin und her befördert - falls sie kein Gefahrgut transportiert.

„Schon im zarten Alter von 17 Jahren hatte ich den Wunsch, mal mit einem Binnenschiff zu fahren" schreibt Bernhard ins Gästebuch der AVISO und auch für den 70jährigen „G.H." aus Springe am Deister ging „ein Jugendtraum in Erfüllung: eine Fahrt auf einem Lastenkahn!" Doch nostalgische Sehnsüchte nach Romantik, Idylle und Beschaulichkeit dürften auf einer solchen Reise kaum befriedigt werden, hat der rasante Strukturwandel längst auch die Binnenschifffahrt erfasst. Von wegen "Lastenkahn"!

Rummsbumms. Es ist sechs Uhr in der Früh. Krane und Reachstacker nehmen ihre Arbeit auf und holen mit lautem Scheppern die letzten Container aus dem Bauch der AVISO, die über Nacht im Bremer Holzhafen festgemacht hat. 1888 gebaut, ist der Holzhafen einer der ältesten noch in Betrieb befindlichen Hafenanlagen Europas und das am südlichsten gelegene Hafenbecken für Seeschiffe in Deutschland. Der 1925 errichtete und weithin sichtbare Backstein-Turm der Rolandmühle und die rostigen Stahlspundwände sind noch in warmes Morgenlicht getaucht, als der malerisch anmutende kleine Hafen langsam aufwacht.

Das 1897 gegründete traditionsreiche Bremer Umschlagunternehmen „Hansakai" betreibt hier zwar immer noch klassischen Stück- und Schüttgutumschlag von Kaffee, Holz, Zellulose und Papier – dominant sind freilich längst die Container, für die ein Shuttle-Vekehr zwischen Bremerhaven und Bremen eingerichtet wurde. Auch AVISO-Kapitän und Besitzer Manfred Deymann hat sich 2001 dem intermodalen Netzwerk aus LKW-, Schienen- und Binnenschiff-Transporten der ACOS – Gruppe („Allround Container Service") angeschlossen und macht nun ganz auf Blechkisten, nachdem er zunächst auf Rhein und Kanälen getingelt war, um dort seine Kapitäns- und Radarpatente zu erwerben.

Auf der 2008 in Betrieb genommenen nietnagelneuen AVISO hat der umtriebige Unternehmer die ungenutzte Steuermanns-Unterkunft direkt unter seinem Fahrstand in eine Ferienwohnung umgewandelt, mit der er so ein kleines Zubrot erwirtschaftet. Die Wohnung im Achterdeck ist komfortabel und zweckmäßig eingerichtet: Herd, Backofen, Gefrierschrank, Kühlschrank, Spülmaschine, Mikrowelle, Doppelbett, Dusche/Bad/WC, Klimaanlage und Satellitenfernseher – eine Ausstattung vom Feinsten. Und im Sommer regelmäßig ausgebucht. Drei Anfragen pro Tag bekomme er, erzählt Deymann – die meisten allerdings wollten „für lau" mitfahren: „Manche können dann kochen, singen, Gedichte aufsagen, was weiß ich. Nur bezahlen wollen die nicht. Da antworte ich erst gar nicht." Und lacht wie einer, der es eigentlich nicht nötig hat. Dabei ging der 39jährige als erster seit Jahrzehnten das Wagnis eines Binnenschiff-Neubaus ein. Die deutsche Binnenschiff-Flotte sei im

Durchschnitt über 50 Jahre alt, erklärt der auskunftsfreudige Reeder seinen Gästen.

Die AVISO macht sich derweil auf den Weg, den Bauch mit Containern wieder voll zu laden. Es geht vorbei am Getreidehafen, Werfthafen, Cap-Horn-Hafen, hinein in den Schleusenvorhafen und in die Schleuse Oslebshausen. Zeit für einen Klönschnack mit Bruno vom Kiesfrachter aus Minden. Bruno ist noch heute stolz auf die Reportage über ihn, den Mittellandkanal und sein Schiff in einem MERIAN-Heft. „Bruno Brahms, ja, wie der Komponist. Einfach mal bei Google eingeben." Doch da gehen die Schleusentore auch schon wieder auf und weiter geht's auf der Sightseeing-Tour durch die Bremischen Industriehäfen.

(Foto links: Claus Schäfe)

Im Kohlenhafen schließlich wird festgemacht. Bis alle 84 Container an Bord sind, muss Deymann sein Schiff immer wieder umsetzen, da der Teleskop-Arm des hier eingesetzten Stackers nicht weit genug reicht. „Die sollten mal 'nen Kran beschaffen", stänkert Deymann. Dann hätte er ein paar Stunden Pause zum Schlafen und schneller ginge es auch. Mit ruhiger Hand am Joystick dreht er das 110 Meter lange Schiff um die eigene Achse und bugsiert es präzise wieder an die Kaimauer. Beim Festmachen sitzt jeder Handgriff der beiden polnischen Crew-Mitglieder Marius und Maziek, die schon viele Jahre für Deymann fahren und eine fünfjährige Ausbildung an der polnischen Schule für Binnenschifffahrt hinter sich haben. Ab der dritten Lage Boxen wird der Steuerstand wie ein Fahrstuhl hochgefahren für freie Sicht und die Abfahrt. Neue Perspektiven auch für

Gäste und Passagiere, denn im Steuerstand ist immer „Tag der Offenen Tür" oder "open ship" wie es unter Seeleuten heißt.

Gegen Abend wird endlich im Neustädter Hafen, Terminal Eurogate, festgemacht. Hier wartet bereits ein Schubleichter (ebenfalls vollgepackt mit achtzig Containern), der noch mit der AVISO fest verkoppelt wird. Für die beiden Bootsmänner und den Schiffsführer geht erst jetzt ein 14-Stunden-Tag zu Ende. Versorgen muss sich nun jeder selbst – „Schiffskoch" ist in der Binnenschifffahrt ein Fremdwort. Für seine mitfahrenden Gäste hat Manfred Deymann deshalb eingelagert, was zum Überleben an Bord so benötigt wird: Milch und Brot, Konserven, TK-Pizza, Bier, Prosecco, Dosenwurst, Kuchen, Nudeln, Pesto, Erbsensuppe, Thunfisch - eine bunte Supermarktmischung. Zucker für den Kaffee fehlt? Klar doch, Deymanns Bauchladen hat auch Zucker vorrätig.

Tuckertuckertucker. Es ist fünf Uhr morgens, bald geht die Sonne auf. Das Doppelpack aus AVISO und Schubleichter schippert mit beschaulichen neun Knoten Geschwindigkeit die Weser stromabwärts: „Talfahrt". Bei ablaufender Flut könnte man jetzt richtig Kraftstoff sparen und bei der „Bergfahrt" dann mit auflaufender Flut ebenfalls. Doch auch wenn die Binnenschifffahrt als besonders umweltfreundlich gilt, auf solche Überlegungen nimmt die Containerlogistik keinerlei Rücksicht. Deymann muss sich fügen, sein Dasein als Partikulierer ist fremdbestimmt von Containermengen, Stauplänen, Liegeplätzen und Liegezeiten. Das ist der Rhythmus, bei dem er mit muss. Und das heißt heute: gegen die Flut.

Das erneute frühe Aufstehen hat sich gelohnt: Dicke Nebelschwaden wabern über die Weser. Morgengrauen. Der Verkehrsfunk meldet zum Teil unter fünfzig Meter Sicht und warnt die Sportboote, jetzt schon raus zu fahren. Sanft gleitet die AVISO dahin, zerschneidet das ölige Wasser, taucht in immer neue Nebelbänke ein. Vorn am Bug ist es friedlich und still, nur das beruhigende Plätschern und Gurgeln am Schiffsrumpf ist zu hören. Im Nebelschleier sind die Ufer, weidende Kühe, sich auf den Weg machende Entenfamilien zu erkennen. Der Nebel kommt und geht, wabert überm Fluss, verzieht sich in Schlieren gen Himmel oder umhüllt Schiff und Leichter wie mit Watte. Es ist lausige fünf Grad an diesem Morgen Anfang Mai. Doch langsam kommt die Sonne durch, gibt immer mehr die Sicht frei und strahlt die gelben, roten und blauen Container wie mit einem Spotlight grell an. Als Brake mit seinen Getreideumschlaganlagen erreicht wird, ist das Nebel-Spektakel vorbei. Schade eigentlich.

Nach insgesamt viereinhalb Stunden Fahrt auf der Weser sind Bremerhavens Containerterminals in Sicht. Bis ins Guinness-Buch der Rekorde haben es diese gewaltigen Anlagen geschafft, denn mit fünf Kilometern Länge verfügt Bremerhaven über die längste Stromkaje der Welt. Und mit seinen „Havenwelten", dem Deutschen Auswandererhaus, dem Klimahaus 8° Ost, dem Zoo am Meer, dem Deutschen Schifffahrtsmuseum, dem Museumshafen, dem Schaufenster Fischereihafen, dem Meerwasseraquarium und schließlich dem futuristischen Atlantic-Hotel mit seiner Aussichtsplattform „SAIL City" in 147 Metern Höhe (auch gern als das „Dubai des Nordens" bezeichnet) hat Bremerhaven touristisch schwer aufgerüstet und einiges zu bieten und zu entdecken.

Wer diese Highlights besichtigen und erleben möchte, hätte jetzt einen ganzen Tag Zeit dafür. Man müsste sich übersetzen lassen, was nur mit dem bordeigenen Ladegeschirr möglich ist, denn die Binnenschiffe liegen hier sehr tief unten an der Pier. Sodann könnte man sich einen Shuttle kommen lassen, denn so einfach über den Terminal spazieren darf niemand. Und schließlich hätte man in wenigen Minuten mit dem

Linienbus all die maritimen Sehenswürdigkeiten, aneinandergereiht wie auf einer Perlenschnur, erreicht. Das macht nur keiner.

Manfred Deymann hat dafür auch eine Erklärung: „Die Leute sind total fasziniert vom Geschehen am Terminal. Hier ist richtig was los. So was bekommen die sonst nicht zu sehen." Wo er Recht hat, hat er Recht. Denn so dicht ran ans Geschehen dürfen noch nicht Mal die Ausflugsdampfer, die auf sicherer Distanz vorbeifahren; wer hingegen auf der AVISO fährt, hat Loge gebucht. Hautnah lässt sich die Hightech-Boxenlogistik beobachten: heran- und wegschwebende Container, umherflitzende Van-Carrier, hochhaushohe Super-Post-Panamax-Verladebrücken und Schiffe, das eine größer als das andere.

Wer Glück hat, bekommt vielleicht eins der größten Containerschiffe der Welt der "Triple E-Klasse" von Maersk zu sehen. Eine hektische Betriebsamkeit herrscht hier, deren Faszination sich kaum jemand entziehen kann. Im Laufe des Tages wechselt die AVISO mehrfach ihren Liegeplatz: mal werden Container abgeladen, dann wieder welche aufgeladen, mal muss der Leichter hier hin gebracht werden, dann von dort wieder abgeholt werden. Das Hinundher-Geschippere führt zu immer neuen Schauplätzen und eröffnet abwechselnde Perspektiven.

Dabei geht es immer mal wieder ein Stück auf die Weser hinaus, das ständige „Verholen" eröffnet neue Aus- und Einblicke. Gerade assistieren noch drei Schlepper einem Mega-10.000-Standard-Containerschiff der Maersk-Linie beim Auslaufen, da taucht schon das Kreuzfahrtschiff COLUMBUS am Horizont auf. Ein klotziger Autocarrier wiederum liegt auf

Reede und wartet auf seine Einfahrt. Und das sind nur drei der jährlich über 7.000 Frachtschiffe, die hier vorbeikommen. Es gibt also immer was zu sehen und die Gäste von Deymanns „Urlaub auf dem Binnenschiff" genießen dieses „Dicke Pötte-Gucken".

Die AVISO wirkt hier in unmittelbarer Nachbarschaft zu den Gigalinern wie eine kleine Schaluppe, als wäre sie deren Beiboot. Dabei gehört sie mit ihren Ausmaßen zur Klasse der Großmotorgüterschiffe, die wegen der bestehenden Schleusenkammerabmessungen, Brückendurchfahrtshöhen und Fahrrinnentiefen das 7.500 Kilometer umfassende deutsche Wasserstraßennetz nur bedingt (insbesondere die Kanäle) nutzen können. Etwa zehn Prozent der Güter, die über Land transportiert werden, entfallen auf die 2.200 Einheiten umfassende Binnenschiff-Flotte, darunter mehr als zwei Millionen Container jährlich. So sichert denn das auch das Container-Pendeln auf der Unterweser das Geschäft für Kapitän und Reeder Deymann, der noch ein zweites Schiff, die EMILIE, in Fahrt hat und just mit dem Zukauf weiterer liebäugelt. Im Containergeschäft, davon ist Deymann überzeugt, ginge es nämlich wieder aufwärts.

Am Abend ist auch die Arbeit in Bremerhaven erledigt. Mit der untergehenden Sonne und gegen den Ebbstrom zuckelt die AVISO wieder gen Bremen in die Nacht hinein und dorthin, wo auch für Deutschland alles begann mit der Container-Revolution im Transportwesen. Denn am 8. Mai 1966 schwebten die ersten Stahlboxen des Voll-Containerschiffs FAIRLAND über die Marcuskaje des Überseehafens. Der ist inzwischen längst zugeschüttet; auf seinem Areal entsteht seit Jahren die „Überseestadt", Bremens kleines Pendant zur Hamburger HafenCity. Und auf der inzwischen ebenfalls nicht mehr existenten Werft des „Bremer Vulkan" wurde zwei Jahre später das erste deutsche Containerschiff auf Kiel gelegt. Auch der Umschlag dieser genormten Boxen wurde damals noch dort abgewickelt, wo die AVISO jetzt wieder festmacht: im Neustädter Hafen.

Morgen, da geht alles wieder von vorn los. Denn, so schreibt ein Passagier ins Gästebuch, „was nutzen die besten Produkte, wenn sie nicht sicher, schnell und zuverlässig zum Kunden gebracht werden?" Gestern noch in

Säcken, heute eben in Containern. Und morgen, da wird auch Deymanns Familie für ein paar Tage an Bord kommen. Ehefrau, zwei Töchter und eine etwas altersschwache Dogge: „Bootsmann".

KLICK, KLICK, AHOI!
MIT MARITIMEN ONLINE-DIENSTEN AUF GROSSER FAHRT

Sie benötigen exakte Schiffsdaten? Sie interessiert, welche Schiffe gerade im Hafen einlaufen, liegen oder auslaufen? Sie brauchen Positionsangaben eines Kreuzfahrers, Geschwindigkeit und Reiseziel? Sie wollen sich Videos und Fotos bestimmter Schiffe anschauen? Sie benötigen eine Windvorhersage? Dann schalten Sie Ihren Rechner ein! Dort bieten maritime Online-Dienste, was Sie suchen. Gehen Sie einfach mit „Vesseltracker", „Marinetraffic", "FleetMon" oder „Hafenradar" per Mausklick an Bord.

Die Frage, wann ein Schiff kommt und geht interessiert die Menschheit seit Homers "Irrfahrten des Odysseus". Die einen aus Sehnsucht, Fernweh oder purer Neugier, die anderen aus beruflichen oder knallharten wirtschaftlichen Interessen. Kein Wunder, dass eine der ältesten Zeitungen der Welt, die "Lloyd's List", eine Schifffahrts-Postille war. Ihre Ursprünge liegen kurioserweise in einem Kaffeehaus, das Edward Lloyd 1688 am Londoner Themseufer eröffnete und das wegen seiner Lage stark von Kapitänen, Reedern, Maklern und Versicherungsagenten frequentiert wurde. Lloyd bot einen speziellen Service: Das große Interesse seiner Kundschaft nach Schiffspositionen veranlasste ihn, Segellisten und Ähnliches zu veröffentlichen. Außerdem sammelte er Schiffsnachrichten aus aller Welt, um sie am schwarzen Brett seiner Gaststätte anzuschlagen. Acht Jahre später publizierte er bereits ein wöchentlich erscheinendes Handelsblatt, die „Lloyd News". Richard Baker, einer seiner Nachnachfolger als Kaffeehausbesitzer, brachte dann 1734 die erste

„Lloyds List" heraus. Und 1760 entstand ein weiteres Unternehmen des Kaffeehauses, das "Lloyd's Register of Shipping", welches den Nachrichtendienst der Gaststätte übernahm.

Das Bedürfnis nach Informationen und Neuigkeiten über Schiffsverkehre veranlasste vor mehr als 150 Jahren auch Hamburger Kaufleute, einen „Schiffsmeldedienst" in Cuxhaven einzurichten, um zunächst per Reiter, später per Licht- und Funksignalen rechtzeitig von in die Elbe fahrenden Schiffen zu erfahren. Auf diese Weise konnten sie ausrechnen, wann ungefähr welches Schiff im Hamburger Hafen entladen werden musste. Der Schiffsinformationsdienst gab die Daten an Schlepper, Lotsen, Zoll, Makler und Schiffsausrüster weiter. Angesichts moderner Kommunikationsmittel wird der Service seit Jahren jedoch nicht mehr benötigt. Das Büro im Cuxhavener „Steubenhöft" wurde am 31. Dezember 2008 um Punkt 20.00 Uhr für immer geschlossen. Ironie des Schicksals: Just in diesem Jahr wurde ein junges Unternehmen dreier Hamburger Schiffsenthusiasten von der „Financial Times Deutschland" bei einem Gala-Dinner im vornehmen Hotel Louis C. Jacob in Hamburg als „Gründer des Monats" ausgezeichnet: der Online-Dienst „Vesseltracker.com" mit einem Web-Portal, über das sich die Position von Fracht- und Passagierschiffen auf den Weltmeeren via Internet bequem am Bildschirm verfolgen lässt.

Möglich wurde die neue Ära für Schiffsmeldungen durch AIS, das „Automatic Indentification System": Seit dem 1. Januar 2004 sind im Seeverkehr alle Berufsschiffe über 300 BRZ (Bruttoraumzahl) in internationaler Fahrt und seit dem 1. Juli 2008 auch solche über 500 BRZ in nationaler Fahrt verpflichtet, eine AIS-Anlage zu betreiben. Auch Schiffe, die länger als 20 m sind oder mehr als 50 Passagiere an Bord haben, müssen mit einer AIS-Einheit ausgerüstet sein. AIS sendet regelmäßig mittels in den Schiffen installierten Transpondern abwechselnd und auf zwei Kanälen im UKW-Seefunkbereich sowohl statische wie dynamische Schiffsdaten, die von in aller Welt errichteten Antennen - so in Reichweite - empfangen werden können. Statische Daten sind zum Beispiel der Schiffsname, Rufzeichen, IMO-Nummer (IMO:

Internationale Seeschifffahrtsorganisation), Schiffstyp (Frachter, Tanker, Sportboot, Passagierschiff usw.) und Abmessungen des Schiffes. Die dynamischen Daten erhält der AIS-Transponder von einem integrierten GPS-Empfänger, als da sind: Schiffsposition, Zeit der Schiffsposition, Kurs und Geschwindigkeit über Grund, Vorausrichtung und Kursänderungsrate. Schließlich füttert der Wachoffizier das AIS-System noch mit Reisedaten wie Angaben zur Ladung, Reiseziel und Ankunftszeiten sowie den Navigationsstatus (z. B. unter Maschine, "for order", vor Anker, festgemacht, manövrierunfähig).

AIS dient also vor allem dem Austausch von Navigations- und Schiffsdaten und soll die Sicherheit und Lenkung der Verkehre verbessern (SOLAS-Abkommen zur Vermeidung von Schiffshavarien). Die Schiffsdaten können direkt in die elektronische Seekarte eingebunden werden oder durch eine separate AIS-Software auf dem Computer verarbeitet werden, um sämtliche Schiffsbewegungen einschließlich der eigenen Position darzustellen. Während auf dem Radar ein Schiff in der Nähe nur als Punkt erscheint, gibt das AIS also viel genauere Informationen, aus denen der Kapitän seine nautischen Schlüsse ziehen kann. Mit AIS können während einer Revierfahrt auch Schiffsbewegungen hinter größeren Hindernissen erfasst werden; das Radar ist in solchen Situationen oft überfordert, da Schiffe im Radarschatten nicht erfasst werden. Die UKW-Signale des AIS erreichen diese Schattenbereiche auf Grund der größeren Wellenlänge wesentlich besser. Allerdings wird aus Sicherheitsgründen das AIS-Signal auch schon Mal unterdrückt: so zum Beispiel bei Marineeinheiten auf einer Einsatzfahrt.

Dass mit AIS-Daten deutlich mehr anzufangen ist, als die Sicherheit im Schiffsverkehr zu erhöhen, zeigen seit einiger Zeit maritime Online-Dienste wie eben „Vesseltracker.com", aber auch „Marinetraffic.com", "FleetMon.com" oder „Hafenradar.de". Herzstück sämtlicher Anbieter ist dabei die Einbindung der AIS-Schiffsdaten in eine Landkarte über die offene Programmierschnittstelle von Google-Maps oder der OpenStreetMap – ein so genanntes „Mashup" (to mash: vermischen). Inhalte des Webs, wie Text, Daten, Bilder, Töne oder Videos werden dabei wie in einer Collage neu kombiniert, zum Beispiel geografische Daten von Google Earth mit den Schiffs- und GPS-Daten. Die AIS-Signale werden dabei von hauptsächlich in Häfen installierten Receivern/Antennen empfangen, anschließend die Daten via Internet zum Betreiber weitergeleitet und in Echtzeit als Applikation in die Webportale eingepflegt. „Vesseltracker.com" hat mittlerweile den Abdeckungsgrad über die Reichweite der Landantennen hinaus durch satellitengestützte AIS-Daten ausgeweitet. Virtuelle „Bermuda-Dreiecke" gehören jetzt der Vergangenheit an, denn mit rund 100.000 Schiffen jeden Tag wird fast die gesamte Welthandelsflotte erfasst.

Webseiten-Besucher der Dienste erwartet eine mit bunten Icons gespickte Landkarte: zum Beispiel rote für Tankschiffe, grüne für Frachter oder blaue für Passagierschiffe. Schiffe in Fahrt sind anders dargestellt als vor Anker liegende. Genutzt werden können Filter- und Suchfunktionen, um sich zum Beispiel nur Kreuzfahrtschiffe oder gar ein bestimmtes Schiff (durch Namenseingabe), einen Hafen oder ein ausgewähltes Fahrgebiet anzeigen zu lassen. Ein Klick auf das jeweilige Schiffs-Icon öffnet dann ein Fenster mit zusätzlichen Informationen. Als Angebot aller drei Dienste werden ausgewählte Stammdaten der Schiffe noch durch entsprechende Fotos ergänzt – zusammen getragen und hochgeladen von Nutzern in den eingerichteten Communitys, die sich dem Ablichten von Schiffen verschrieben haben (Ship-Spotting). Um die Netzwerk-Informationen optimal nutzen zu können, ist bei allen Anbietern eine Registrierung (Account) nötig.

Dass es sich bei den maritimen Onlinediensten nicht um anfangs belächelte „skurrile Nischenangebote" für ein paar Liebhaber und Verrückte handelt, mögen ein paar Zahlen und Daten belegen: „Vesseltracker.com" hat nach eigenen Angaben inzwischen 250.000 registrierte Nutzer, verfügt über ein Archiv von über einer halben Millionen Schiffsfotos sowie die Stammdaten von 111.000 Schiffen und verzeichnet monatlich rund 10 Millionen Seitenaufrufe. „Hafenradar.de" (ebenfalls in Hamburg beheimatet) zählt täglich rund 165.000 Seitenaufrufe von rund 5.000 Besuchern und verfügt ebenfalls über eine veritable Datenbank von Schiffen nebst Fotos, deckt allerdings nur 350 Häfen („Vesseltracker": über 700) ab. Auf „Marinetraffic.com" sind mittlerweile 1,8 Millionen zum Teil spektakuläre Fotos von mehr als 18.000 registrierten Fotografen zu bestaunen - der von Studenten der Universität Aegean in Athen entwickelte und betriebene nicht-kommerzielle Dienst betreibt 2.370 Empfangsstationen (auch sie können auf der Karte angezeigt werden) und deckt inzwischen Häfen einschließlich der Binnenhäfen in aller Welt ab. Ein Stillstand ist nicht in Sicht - insbesondere werden immer wieder neue Anwendungsmöglichkeiten, die die Systeme bieten, entwickelt.

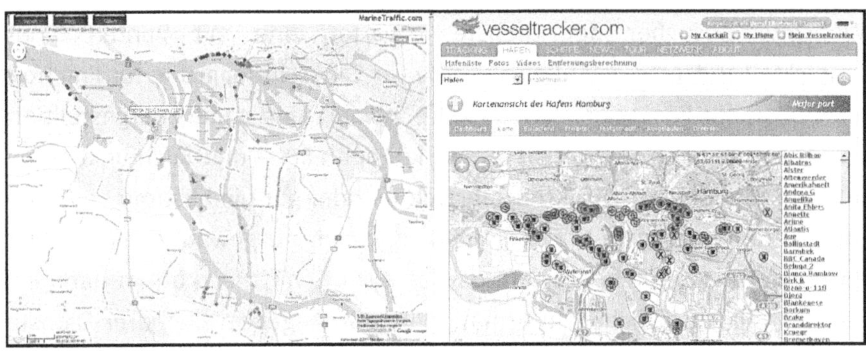

Allerdings unterscheiden sich die Angebote der Dienste vor allem mit Blick auf die kostenlosen Möglichkeiten ganz erheblich. Nur noch „Marinetraffic.com" bildet Schiffspositionsdaten in Echtzeit ab, liefert sämtliche Daten (z. B. Ankünfte und Abfahrten für sämtliche Häfen, aktuelle und vorausberechnete Windstärken, Daten nebst Kartenanzeige für Leuchtzeichen, Hafeninformationen, Fotos und vieles mehr) ohne Bezahlung und stellt damit für nicht-kommerzielle Nutzer in 34 Sprachen die mit Abstand umfassendsten Informationen zur Verfügung. „Vesseltracker.com" hingegen ist inzwischen ganz auf ökonomischen Erfolg ausgerichtet: Der „FREE"-Account bietet nur noch Positionsdaten für Passagierschiffe und zielt damit vor allem auf Kreuzfahrt-Enthusiasten. Echtzeit bei „Vesseltracker.com" wird erst – neben anderen Zusatzangeboten - im so genannten „COASTEL Account" für 950 € im Jahr geboten. Die satellitengestützte Abdeckung kostet sogar stolze 13.999 € im Jahr. Auch „Hafenradar.de" stellt eine Menge Informationen bereit, für die nicht bezahlt werden muss, bietet aber auch Upgrades für „Sponsoren" (1 € im Monat), diverse Apps, E-Mail-Infodienste zum Beispiel für ein- und auslaufende sowie erwartete Schiffe eines Hafens inklusive Makler- und Liegeplatzinformationen oder Daishows für die Gastronomie an.

Und natürlich sind auch ein paar Spielereien aufrufbar: so können bei „Marinetraffic.com" so genannte Wegemarken („Waypoints") gesetzt werden – das System rechnet dann aus, wie lange das Schiff bei aktueller Geschwindigkeit bis dorthin noch benötigt. „Vesseldistance.com" bietet eine Entfernungstabelle, mit der die Abstände von rund 900 Häfen berechnet werden können. Ein Schiff mit 20 Knoten Geschwindigkeit braucht danach beispielsweise von Hamburg nach Singapur 18 Tage und 13 Stunden – die kürzeste Route und mögliche Alternativen werden bunt eingezeichnet zudem auf einer Karte angezeigt. Wer neugierig ist und wissen will, welche Schiffe sich gerade in der Nähe eines bestimmten Leuchtturms aufhalten: Klick aufs Ikon! Wie viele Tanker die letzten fünf Tage einen ausgewählten Hafen angelaufen haben? Klick auf die Grafik! Kreuzfahrtenthusiasten können sich die Flotten ausgewählter Reedereien wie Cunard, AIDA, Hurtigruten usw. anzeigen lassen, Jobsuchende aktuelle Angebote der maritimen Branchen einholen – und so weiter. Schifffahrtsbegeisterte können also stundenlang auf diesen Seiten nach Lust und Laune tracken, surfen und cruisen – auch ganz ohne Bezahl-Account. Die Fülle der Informationen ist schier unerschöpflich.

Inzwischen lohnt sich das Geschäft mit dem Schiffetracken auch in ökonomischer Hinsicht. „Vesseltracker.com" avancierte innerhalb nur zweier Jahre zum weltweit meistfrequentierten Webservice der Schifffahrtsindustrie. Die Kunden aus Behörden sowie Hafen- und Transportwirtschaft nutzen die Echtzeitinformationen über Schiffspositionen für ihre Disposition, die Übersicht über aktuelle Verkehrssituationen, für die Steuerung logistischer Ketten, Transportsicherheit und vieles mehr. Mitgründer Carsten Bullemer äußerte sich in einem Interview erstaunt darüber „wie kreativ unser Produkt eingesetzt wird und wie viele zusätzliche Funktionen sich unsere

Kunden wünschen." „Vesseltracker.com" wurde in die Schiffsmaklersoftware GAT-Ship und die für Festmacher, Schleppreedereien und Lotsen entwickelte ERP-Software (Enterprise Ressource Planning) integriert und „spricht" acht Sprachen: zum Beispiel deutsch, spanisch, englisch, niederländisch und neuerdings auch russisch. Das Unternehmen der drei Gründer Ralf Paahlsen, Thomas Pihl und eben Bullemer wurde als reines Privatinvestment 2006 gestartet und gilt mittlerweile als profitabel. Paahlsen war vorher Geschäftsführer der Hamburger Schiffsbefestiger, Pihl spielte für den Club an der Alster Hockey und Bullemer hatte einen Lehrstuhl für Logistik in Bayern inne – mit 25.000 € Stammkapital gründeten sie ihr Unternehmen: „Gegenstand: Entwicklung und Vermarktung von Navigations- und Ortungssystemen, Vermarktung von Schiffsdaten und Schiffspositionsdaten sowie Betrieb von Internetportalen."

Geld verdient wird inzwischen mit diversen auf unterschiedliche Bedürfnisse zugeschnittene Bezahl-Accounts, Werbung und anderen Dienstleistungen wie zum Beispiel Webseitenintegration. Neueste Entwicklungen wiederum gehen in Richtung mobiler Angebote wie Benachrichtigungsdienste per E-mail, Weckanrufe oder SMS („Status Alerting") sowie Apps für Handys, Androids & Co. und dem digitalen Miniradar Layar. Nutzer behalten so alle Prozesse auf dem Transportweg Wasser ständig im Blick. In diese Richtung wurde auch der „Hafenradar" weiterentwickelt. Geschäftsführer Axel Konjack drückte das mal so aus: „Mit dem Launch des kostenpflichtigen Hafenradars auf dem iPhone nutzen wir frühzeitig das Mone-tarisierungspotenzial des mobilen Internets." Auf Hochdeutsch also: „Wir können und werden Geld verdienen".

Für alle Schiffsbegeisterten, maritime Enthusiasten, Sehleute in Nah und fern heißt die Devise im 21. Jahrhundert also: let's web2go! Aber wer es noch Mal ganz altertümlich mag, der besuche das Schifffahrtmuseum in Brake. Das Museum befindet sich im 1846 errichteten Turmgebäude eines Semaphors, also einem optischen Telegrafen. Der war freilich schon nach zwei Jahren für den Schiffsmeldedienst überflüssig geworden, denn am

15. Juli 1848 wurde eine Verbindung der Morsetelegrafie von Cuxhaven nach Hamburg eingerichtet.

EISFAHRT MIT DER TRANSPULP

Da stehen wir nun pünktlich wie vorgesehen und nach vierstündiger Anreise etwas müde um 9.00 Uhr morgens am Anleger 2 des Nordlandkais in Lübeck. Nur: unser Schiff ist nicht da. Keine TRANSPULP weit und breit zu sehen – dabei sollte sie schon seit mehreren Stunden ihre Ladung löschen. Erkundigungen bei der Hafengesellschaft und Telefonate mit Reisevermittlung und Reederei ergeben: unser Schiff wird satte zwölf Stunden verspätet erwartet; wieder mal haben die Widrigkeiten der Seefahrerei zugeschlagen.

Passagiere sollten sich auf so etwas einstellen, betonen die Vermittler von Frachtschiffreisen schon fast gebetsmühlenartig, aber pflichtgemäß. Einen genauen Einschiffungszeitpunkt und -ort, manchmal sogar Details der Route oder gar das Schiff selbst werden verbindlich erst 24 Stunden vor der Abreise bekannt gegeben. Und dann nichts wie los! Was aber hatte die TRANSPULP zeitlich so weit zurück geworfen? Immerhin um zwölf Stunden!? Nach einem der ersten Frühlingstage in der alten Hansestadt Lübeck erfahren wir am Abend vom Kapitän den Grund für die Verzögerung: Der Frachter war im dicksten finnischen Packeis steckengeblieben und hatte sich nur mühsam wieder mit Rammings befreien können. Eigentlich kann es eine erfreulichere Nachricht für uns gar nicht geben: je mehr Eis, um so besser! Denn das wollen wir ja erleben: eine Eisfahrt durch den zugefrorenen Bottnischen Meerbusen hinauf fast bis zum nördlichen Polarkreis. Ja doch, Eis könne er garantieren, schmunzelt Kapitän Bengt Hillberg - wir würden es schon noch zu hören und: zu spüren bekommen.

Derweil wird die TRANSPULP weiter entladen. Sie ist neben der TRANSTIMBER und der TRANSPAPER eins von drei Schwesterschiffen der TransLumi Line, die sämtlich im Januar 2007 in Dienst gestellt wurden und in einem Pendelverkehr drei Mal die Woche Kemi und Oulu anlaufen. Aufgabe: Papier holen rund um die Uhr. Verchartert: an StoraEnso, einem der größten Papierproduzenten der Welt. Gebaut: im finnischen Rauma von Aker Yards und zwar streng nach den logistischen Vorgaben von StoraEnso. Denn Papier wird in speziell entwickelten vor allem wetterbeständigen Containern transportiert. Die Boxen, die hier am Nordlandkai durch die geöffnete Heckklappe über eine Rampe von Bord gehen, sind mit 13,60 Metern Länge und 3,30 Metern Breite und Höhe deutlich größer als Standard-Container und können bis zu 85 Tonnen Papier laden.

Der Ladevorgang geht – ganz im Gegensatz zum ständigen Lärm der Containerterminals mit ihren Brücken, Laufkatzen und Van Carriern – fast geräuschlos vor sich, das Schiff bewegt sich kaum und liegt stoisch an der Kaje. Auch laute Dieselhilfsmotoren müssen hier nicht laufen, wird die TRANSPULP doch (umweltfreundlich und innovativ) von Land aus mit Stadtwerke-Strom versorgt, denn das reduziert den Schadstoffausstoß um fünfzig Prozent. Es ist Schlafenszeit. Ab in die Kojen! Irgendwann in der Nacht vernehmen wir dann das vertraute Brummen und Bubbern der schweren Schiffsmotoren: aha, wird sind auf See. Also erstmal umdrehen und weiterschlafen.

Zum Frühstück erscheinen wir auf den letzten Drücker. Zu sehen gibt es eh nichts, so trüb und nebelig empfängt uns der neue Tag mit Kurs Göteborg. Denn Göteborg ist das nächste Verteilerzentrum im ewigen Papierkreislauf, bevor es dann wirklich Richtung Lappland, Richtung Packeis gehen soll. Zeit genug, ein wenig das Schiff zu erkunden, während es mit etwa 20 Knoten (ca. 37 km/h) durch den Großen Belt und unter der Großen Beltbrücke hindurch zieht. Wie bei Frachtschiffreisen üblich, dürfen wir Passagiere uns auf der TRANSPULP frei bewegen, nur Lade- und Maschinenraum sind Tabu. Also erstmal rauf auf die Brücke, die voll verglast - nur noch einen gewaltigen Bug vor sich und acht Decks unter sich – das Schiff in einer Breite von 26,5 Metern überspannt. Hier passen ja fünf Wohnzimmer hinein! Mindestens.

Wir finden das übliche nautische Equipment, all dieses für uns unverständliche technische Gerät, Bildschirme, Displays, Computer, Monitore mit Live-Bildern der Überwachungskameras, Radar, Sprechfunkgeräte usw. Da wirkt der Kartentisch mit gedruckter Seekarte, Zirkel und Stift irgendwie wie aus einer längst vergangenen Zeit. Es gibt eine Sitzecke mit Kaffeemaschine und erhöhte Rollstühle für den Panoramablick weit in die Ferne. Auch die Nocks (seitliche Ausleger der Brücke) mit den Mini-Steuerpulten für das An- und Ablegen an den Kaimauern sind natürlich verglast. Und weil sie über die Außenbordkante hinausragen, sind dicke Glasfenster in den Fußboden eingelassen. Breitbeinig darüber stehend lassen wir die graue Ostsee weit unter uns vorbeiziehen.

Auf diesem modernen Schiff geht es komfortabel zu: saubere Kammern, Fernseher, Internetanschluss, Kraft-Trainingsraum, Sauna, mehrere Aufenthaltsräume mit dem für Finnen und Schweden so wichtigem Karaoke-Equipment machen das Leben an Bord angenehm.

Es klart auf. An diesem letzten Märztag kommt sogar noch die Sonne durch und verleiht dem Reisebeginn einen Hauch von Frühling – im Windschatten „holen" wir uns die erste „Bräune"... Wir marschieren die Gangbord längs in den hinteren Teil des 190 Meter langen Schiffes immer mit Blick auf die Ladung. Auf einem Container liegt sogar noch etwas finnischer Schnee und schmilzt nun dahin.

Als wir die hochgefahrene Heckklappe betrachten, wird uns doch etwas mulmig. Wir sinnieren über Schiffsunglücke und das Fährschiff ESTONIA, deren Bugklappe sich bei der Überfahrt von Tallin nach Stockholm am 27. September 1994 gelöst hatte, binnen fünfzehn Minuten gesunken war und 852 Menschen mit sich in den kalten Tod gerissen hatte. Was hatte noch Schiffsexperte Richard Cahill in seinem Buch „Desasters at Sea" geschrieben: „Ihrem Wesen nach sind RoRo-Schiffe seeuntüchtig."? Roll on – roll of: auch die TRANSPULP ist ein Schiff dieses Konstruktionstyps, bei dem die Ladung herauf und herunter gefahren wird und nicht mit Geschirr oder Kränen an Bord gehievt wird. Wir fahren also sozusagen auf einer Fähre. Doch keine Bange: Im Speiseraum hängt gut sichtbar eine Glasvitrine mit dem abgeschlagenen Hals der Champagnerflasche von der Schiffstaufe. Daneben das Foto von Maija Huttunen, die mit einem kräftigen Wurf für das gute Omen wohl gesorgt hatte.

Gegen Abend laufen wir auf Göteborg, den größten Hafen Skandinaviens, zu. Der Nebel zwischen den Schären wird immer dicker, die TRANSPULP immer langsamer. Schließlich kommt sie zum Stehen, dreht sich einmal um die eigene Achse und von der Nock aus manövriert Kapitän Hillberg den Pott längsseits millimetergenau in Position. Wenig später taucht rot angestrichen die NORDEN aus dem Nebel auf und versorgt die TRANSPULP mit schwerem Schiffsdiesel. Das geschieht regelmäßig hier in Göteborg. Im Sommer freilich wird nur jede zweite Woche gebunkert, im Winter jedoch ist wöchentliches Auftanken vonnöten, erklärt man uns. Der Grund: das Packeis! Die TRANSPULP nämlich verfügt über zwei Maschinen mit je 12.000 PS. Im Sommer läuft sie mit nur einer Maschine - im Winter jedoch braucht sie die geballte doppelte Schubkraft, um durchs Eis zu kommen.

In der Nacht genießen wir großes Kino: wir liegen zum Entladen genau gegenüber einem grell erleuchteten Containerterminal und können die hin und her sausenden Van Carrier in der Koje liegend aus unseren Fenstern beobachten. Ansonsten macht hier ein Papiertransporter nach dem nächsten fest, am anderen Morgen sind es vier rund um das Papiercontainer-Areal. Und endlich legt mittags die TRANSPULP ab.

Die Spannung steigt: wann werden wir die Eiszone erreicht haben? Wie lange dauert es noch? Theoretisch wissen wir es: nördlich Höhe Stockholm geht's ins Eis. Das schwedische Meteorologische und Hydrographische Institut SMHI stellt täglich im Internet einen Eisreport in Form einer Übersichtskarte bereit. Das Grau und Dunkelrot für „very close pack ice" und das schraffierte Orange für „close pack ice" vom 28. März zeigen: die Eisdecke umfasst die ganze Bottenvik, also die nördliche Ostsee. 5 cm dick im Süden und bis zu 80 cm dick vor Kemi und Oulu, unseren beiden Zielhäfen.

Doch noch ist es nicht soweit. Es gibt zunächst anderes zu sehen. „In einer halben Stunde passieren wir die Durchfahrt zwischen Helsingborg und Helsingör. Zwei Stunden danach Kopenhagen. Kommt mal auf die Brücke!" Für den Hinweis sind wir dankbar, denn in stockdunkler Nacht lässt sich das Lichtermeer von der völlig abgedunkelten Kommandobrücke aus bestens bestaunen. Danach noch ein Bierchen und müde in die Kammer.

Auch am dritten Tag heißt es zunächst abwarten. Die TRANSPULP läuft mit 17 Knoten und nur einer Maschinenkraft gemächlich an Öland und Gotland vorbei. Ein Karfreitag mit strahlend blauem Himmel, Einweisungen durch Sicherheitsoffizier Gustav inklusive Ankleide eines wasser- und feuerfesten Sicherheitsanzuges, Führung durchs Schiff und ein opulentes vorgezogenes schwedisches Oster-Abendbuffet von Köchin Marianne Gustavsson verkürzen uns die Zeit. Die Frühlingssonne hat in den letzten Tagen freilich ganze Arbeit geleistet: der erste Offizier Per Peersson zeigt uns, dass oberhalb von Stockholm eine riesige Fläche freies (eisfreies!) Fahrwasser bietet und auch vor der Küste Finnlands ein schmaler Streifen offenes Wasser liegt. Hier werden wir uns also regelrecht „hindurchschlängeln", damit die TRANSPULP nicht unnötig viel Treibstoff verbraucht. Also wird es doch nichts mit einer zünftigen Eisfahrt?

Ooh doch! Kurz vor Mitternacht ist es soweit. Wir können das Eis nicht sehen, nicht riechen, nicht spüren. Aber hören können wir es. Es holt uns aus dem Schlaf! Zerbrochene Eisschollen klackern an der Außenhaut des

Schiffes entlang. Mal nur ein Schmurgeln, dann ein lautes Hämmern, bisweilen ein regelrechtes Krachen. Der Hohlkörper des Schiffes entpuppt sich als idealer Klangkörper fürs Eis. Ab und an beginnt das Schiff zu zittern, wird etwas abgestoppt, um sich wieder gegen das Eis zu stemmen. Ein Kampf, wer hier wohl der Stärkere ist (Schiff oder Eis?) findet in dieser Nacht (noch) nicht statt. Die Auszeichnung „Ice star of the year", die spaßeshalber jedes Jahr vom Kapitän verliehen wird, ist für dieses Jahr ja auch schon vergeben: bereits am 1. Februar erhielt Gustav Ohlsson den „Award" für denjenigen wachhabenden Offizier, unter dessen Kommando sich das Schiff erstmals im Eis festsetzte, den Kampf also verloren hatte. Im Jahr 2009 musste sich Kapitän Kari Oikarinen – er löst alle vier Wochen Bengt Hillberg ab - diesen skurrilen Preis sogar selbst verleihen. Merke: keiner kommt gegen das Eis an!

Kurz vor Sonnenaufgang erreichen wir zunächst wieder offenes Wasser, in dem das Eis in mal kleinen, mal größeren Inseln gemütlich an uns vorbei treibt. Der Himmel über uns ist strahlend blau und die Sonne wirft hartes Blendlicht. Stundenlang schwimmt nun Eis in allen möglichen bizarren Formen und Größen auf der spiegelglatten Ostsee, wird aber zunehmend dichter. Wir sind schwer beeindruckt und können den Blick gar nicht abwenden.

Dann irgendwann schließt sich die Eisfläche, Bodennebel kommt auf und die TRANSPULP fräst sich den Weg frei. An der Bugnase wird das Eis mit zackigen Rissen geknackt, driftet auseinander, schiebt sich übereinander, verwirbelt an der Bordwand, bäumt sich senkrecht auf, fällt zischend wieder zusammen und trudelt schließlich nach Achtern. Bei einer Eisdicke von 5 bis 20 Zentimetern verliert das Schiff kaum an Geschwindigkeit, läuft konstant seine knapp 20 Knoten, pflügt sich mühelos durch die weiße Masse. Kein Wunder: die TRANSPULP und ihre Schwesternschiffe verfügen über Eis verstärkte Rümpfe, deren Festigkeit der finnisch-schwedischen „Eisklasse 1A" entspricht. Bis zu 80 cm dickes Eis können sie also brechen. Als Ausgleich für die höheren Baukosten und verminderte Tragfähigkeit werden den Reedern deshalb nach Eisklassen gestaffelte Gebühren für Hafenliegeplätze und Lotsen gewährt.

Doch der stets freundliche aber wortkarge Kapitän Hillberg ist jetzt gar nicht zufrieden. Der Nebel passt ihm nicht. Trotz Hightech-Instrumentarium hätte er schon gerne freie Sicht auf die Fahrrinne und was sonst noch vor ihm liegt. Doch nach zwanzig Metern ist Schluss – gucken kann man grade ein wenig über den Bug hinaus. Das Schiff fängt überdies mächtig an zu ruckeln und zu schaukeln, verliert an Fahrt, das an den Rumpf polternde Eis wird immer dicker. Nur noch 12 Knoten… Eine gespenstisch anmutende Szenerie - und das am frühen Nachmittag. Hier in diesem Gebiet, erklärt uns der Kapitän, sei er auf der Hinfahrt nach Lübeck stecken geblieben. Und das will er ungern ein zweites Mal.

Auch ist es jetzt lausig kalt da draußen in Nebel und scharfem Wind; freiwillig geht keiner raus. Seit Einbruch der Dunkelheit leuchten drei gewaltige Scheinwerfer den Weg aus, damit das Schiff in der Fahrrinne bleibt und möglichst wenig Eis selber brechen muss – kostet ja Zeit, Treibstoff und des Reeders Geld. Und so gelangen wir irgendwann in der Nacht nach Oulu, der nördlichsten Großstadt Europas mit Universität, NOKIA, 120.000 Einwohnern und den Papiermühlen. Die sind weithin an ihren Rauchfahnen sichtbar und halten mit ihren warmen Abwassern ganzjährig das Hafenbecken frei.

Rund 21 Millionen Tonnen Papier verbrauchen wir Deutschen jährlich, davon wird etwa die Hälfte importiert. Der finnisch-schwedische Konzern Stora Enso ist einer dieser Papiergiganten und Deutschland sein wichtigster Kunde. Der deutsche Markt, so behauptet deshalb Greenpeace, sei „ein Motor der finnischen Urwaldzerstörung".

Hintergrund ist, dass die finnischen Papierhersteller auch Holz verarbeiten, das aus den Wäldern Lapplands stammt, die laut Greenpeace in Gänze als Urwälder unter Schutz zu stellen seien. Erreicht wurde zwar ein mehrjähriges Moratorium. Inzwischen hat der staatseigene Forstbetrieb Metsähallitus weitere kleinere Waldflächen aus der forstwirtschaftlichen Nutzung genommen, den Rest zu „Wirtschaftswald" deklariert und im Januar 2009 wieder mit dem Einschlag begonnen. Der Hunger nach Rohstoff der finnischen Papiermühlen ist jedoch so groß, dass sogar Holz per Schiff zum Beispiel aus den baltischen Staaten herangeschafft werden muss.

Fünf Stunden dauert am Ostersonntag die 55 Seemeilen lange Überfahrt von Oulu nach Kemi. Unsere Augen sehen jetzt nur eine einzige Farbe: Weiß! Links, rechts, vorne, hinten: eine von Schnee bedeckte Eisfläche, so weit das Auge reicht. Auch der Himmel blendet in weiß, weil sich der Nebel immer noch nicht richtig verzogen hat. Die Männer auf der Brücke tragen Sonnenbrille und halten die TRANSPULP mit vorübergehend nur 8 Knoten Geschwindigkeit präzise in der Fahrrinne, die hier oben vom staatlich betriebenen Eisbrecher KONTIO die sechs Eismonate im Jahr (November bis Mai) freigehalten wird. Freie Fahrrinnen im Winter sind die Lebensadern der finnischen Volkswirtschaft, denn 80 Prozent der finnischen Exporte geht über die Häfen. Das Schiff rutscht hier regelrecht geschmeidig und geräuschlos entlang, immer wieder neu das zerstückelte und zerbröselte Eis durcheinander wirbelnd und nur wenige Handbreit vom Packeis der Kategorie 10/10 (Eisbedeckungsgrad 100 Prozent) links und rechts entfernt. Dort sind ab und zu Spuren von Autoreifen zu erkennen, vielleicht von Finnen, die zum Eisangeln hinausgefahren waren. Eine Schiebeleiter liegt auf dem Eis: hierher wird mit Motorschlitten der Lotse gefahren, um so an Bord überzuholen.

Im Hafen von Kemi taucht als erstes der historische Eisbrecher SAMPO auf – neben den Eisskulpturen einzige Touristenattraktion der 20.000-Seelen Stadt mit ihren rauchenden Papiermühlen. Wir haben den nördlichsten Punkt unserer Reise erreicht und machen quasi am Polarkreis fest: 65° 49' N. Aber mal ehrlich: hier draußen, 12 Kilometer von der Stadt entfernt, ist der Hund verfroren. Ein Schlepper-Feuerschiff, ein Zellstoff-Frachter. Der Schneehase, der sich aufs Hafengelände verirrt haben muss, zieht auch schnell wieder ab. Das Wetter hebt nicht gerade die Stimmung, so dass wir froh sind, als es am Ostermontag um 19.30 Uhr endlich wieder los geht.

Hinaus in die Nacht, wo in weiter Ferne gleißend weißes Licht der TRANSPULP den Weg leuchtet. „Hierher", vermeldet dann Eisbrecher KONTIO über Funk, der (im Schlepptau ein Bulker) wartend in einer Wake liegt und seine Strahler auf uns gerichtet hat. Freies Wasser also, das lässt die TRANSPULP sich nicht entgehen. Doch die Freude währt nur kurz. Die ganze Nacht über wühlt sich unser Schiff dann doch wieder durch dickes Eis mit diesem ständigen dumpfen Getöse, Gepolter, Ratschen, Knatschen und Geschäppere. Wir wundern uns, dass wir bei dieser Schaukelei und dem Gedröhn sogar tief schlafen können…

Und am nächsten Tag passiert es dann doch: die TRANSPULP sitzt fest, hinein gefahren in einen hohen Wulst von Wind und Wellen übereinandergeschichteter Eisplatten. Es ist Punkt 13.30 Uhr. Das offene Wasser liegt nur wenige Hundert Meter entfernt sichtbar und zum Greifen nahe. Kapitän Hillberg eilt auf die Brücke, lässt die zweite Maschine hochfahren und das Schiff erst zurück und dann mit Schmackes in den Wall aus Eis hineinrammen. Wieder wird die TRANSPULP abgestoppt. Kommt sie durch? Sie drückt und drückt ihre ganze Kraft ins Eis. Langsam, fast wie in Zeitlupe platzt das Eis dann vorne etwas auf, bildet einen Riss, dann eine Rinne, bis sich schließlich eine gewaltige Fläche zu lösen beginnt und gemächlich abdriftet. Das Eis gibt kleinlaut bei und lässt den Kraftprotz mit der Eisklasse 1A hindurch. Geschafft! Und wir haben unser kleines Spektakel gehabt, fast wie bestellt kurz vorm Ziel.

Immer wieder offenes Wasser nutzend braucht die TRANSPULP exakt 24 Stunden von Kemi bis zu den Schären vor Stockholm, um dann endgültig das Eis hinter sich zu lassen. Ein sonniger Tag mit einer tollen Travefahrt noch bis Lübeck, wo uns der Frühling (nach 2.100 Seemeilen) wieder hat und Tonnen von Papier abgeladen werden, damit Berichte wie dieser auch gedruckt werden können. Zeit, eine außergewöhnliche Reise noch Mal Revue passieren zu lassen. Nein, man muss nicht in die Arktis für ein frostiges Abenteuer wie dieses: mit der Ostsee haben wir die Möglichkeit quasi vor der Haustür.

AUF SCHNUPPERKURS MIT DER CONGER

Für eine Kreuzfahrt gibt es zwei Möglichkeiten: entweder man sticht mit ein paar Hundert weiteren Passagieren in See. Oder mit Hunderten von Containern. Wer es ausprobiert hat, stellt bald fest: Auch Reisen auf Frachtschiffen haben ihren Reiz.

Die Gangway ist an Bord. Der Hafenlotse ist an Bord. Und die Passagiere sind auch an Bord – diesmal: drei. Mehr, so der Sicherheitsoffizier, seien gar nicht zulässig. Denn in das einzige orangefarbige Freifall-Rettungsboot passen nur fünfzehn Personen: die zehn Besatzungsmitglieder, die beiden Kadetten und eben drei Gäste. Es kann also losgehen. Ach ja, und dann sind da noch 370 bunte Container an Bord, die die CONGER nach Schweden bringen soll.

Kaum ist die letzte Stahlkiste an Deck gehievt und festgelascht, das laute und schrille Warnpfeifen der Verladebrücken endlich verstummt, die schweren Schiffsdieselmotoren angeworfen, fahren auch schon die Festmacher vor und lassen die CONGER von der Leine. Platsch. Während die triefend nassen Schiffstaue noch eingeholt werden, legt das Schiff bereits bedächtig ab, drückt sich vorsichtig von der Kaje, schiebt sich hinein ins Hafenbecken, um schließlich Fahrt Richtung Elbe aufzunehmen. Es ist später Nachmittag, die Sonne steht hoch über einer der modernsten Verladeanlagen der Welt, dem fast voll automatisierten Containerterminal Altenwerder. Statt Traumschiff-Auslaufmelodie ertönt nur kurz das Schiffstyphon. Ahoi! Vor den Passagieren liegen jetzt sieben Tage Schnupperfahrt auf einem Frachtschiff, das im Linienverkehr den Hamburger Hafen mit einigen kleinen Häfen in Schweden verbindet.

Die paar Stunden Wartezeit am Terminal nach der Einschiffung waren gar nicht langweilig. Als erstes: rauf auf die Brücke, Vorstellung bei Kapitän Piotr Adamczyk. So gehört sich das eben auf einem Frachter, eiserne Regel: zuerst zum Käpt'n. Der freundliche Pole in Jeans und Polohemd gibt ein paar Hinweise zu Essenszeiten, Verhaltensregeln und zum voraussichtlichen Verlauf der Reise. Und, so der 53jährige, bei ihm dürften die Passagiere jederzeit auf der Brücke dabei sein. Seefahrt hautnah ist das Angebot, keine Großzügigkeit, sondern selbstverständlich. Dazu gehört freilich auch, dass die Betten selbst bezogen und die Kammern nach eigenem Gusto in Ordnung gehalten werden. Stewards? Fehlanzeige, die gibt's hier nämlich nicht. Passagiere gehören quasi zur Crew, allerdings mit einem kleinen Unterschied: sie müssen, nein, sie dürfen nicht arbeiten, aber sie wollen das auch nicht. Die Zeiten von „Hand gegen Koje" sind lange vorbei, Reisen auf Frachtschiffen ist Urlaub.

Auch die obligatorische Sicherheitseinweisung durch den zuständigen Offizier Lucian Draghici erfolgt noch im Hafen und vorm Auslaufen. Rettungsinseln, Rettungswesten, Rettungsboot, Rettungsringe: erst beim fünften Absaufen, so könnte man unken, sind alle Möglichkeiten erschöpft. Wo ist der Sammelpunkt im Notfall? Wo hängen die Feuerlöscher? Wie setzt man den Blinker an den „Life Jackets" in Gang? Wann müssen die Neonwesten angelegt werden? Der Weg zum Sanitätsraum? Akribisch arbeitet der smarte 24jährige Rumäne aus

Constanta seine Checkliste ab: „Any questions?" Noch Fragen? „No, Sir." Dann bitte hier unterschreiben.

Die CONGER läuft bei Ebbe aus. Als kleines „Feederschiff" ist es nicht wie die dicken Pötte mit Tausenden von Containern an Bord auf die Flutwelle angewiesen, um die berühmte Handbreit Elbewasser unterm Kiel zu haben. Schnell hat es das geschäftige und hektische Treiben des Hamburger Hafens hinter sich gelassen, stampft fast mutterseelenallein stromabwärts, ab und zu begleitet von ein paar Motorbooten, Yachten oder gemächlich dahin ziehenden Binnenschiffen, immer der Abendsonne entgegen, die das glatt gestrichene Wasser im Wellengang glänzen und funkeln lässt. Die Gäste können es sich auf bereitstehenden Plastikstühlen bequem machen: mal in der Sonne, mal im Schatten, mal mit und mal ohne lauem Windzug, mal auf dem D-Deck, mal auf dem Poopdeck. Große Freiheit Nummer 7. Man platziert sich, wonach einem der Sinn gerade steht. Badetücher mit eingewobenem Schriftzug „Reserviert" braucht man hier nicht. Oder man begibt sich auf die Brücke, schaut dem Wachhabenden über die Schulter oder nutzt die seitlichen Sitzbänke – eine Wand von Containern fest im Blick. Das recht überschaubare Urlaubsdomizil heißt Deckshaus, doch die paar Quadratmeter auf sechs „Etagen" bieten, was viele Reisende auf Frachtern suchen: Alleinsein, frei sein, in Ruhe gelassen werden.

Der schwimmende Aussichtsturm CONGER zieht durch die Kulturlandschaft Unterelbe, zu Gucken, und zwar von oben, gibt es immer was. Die schicken Villen von Blankenese genauso wie die hässlichen Kaianlagen des Hafens Stade-Bützfleth. Dann wieder weites, sattgrünes Marschenland, schmucke Yachthäfen, die Obstplantagen des Alten Landes, Deiche, Schafe, Windräder und, natürlich, die Kernkraftwerke. Als die CONGER das Schulauer Willkomm Höft und die berühmte Schiffsbegrüßungsanlage passiert, dröhnt die deutsche Nationalhymne herüber. Da hat der wachhabende „Kapitän" wohl nicht aufgepasst, denn die CONGER wurde zwar auf der deutschen Sietas-Werft gebaut, aber längst nach Antigua Barbuda ausgeflaggt, Heimathafen: St. John's. Außer den beiden Kadetten von der Seefahrtschule Elsfleth und den Passagieren ist hier auch niemand Deutscher. Ein Pole als Kapitän, der 1. Offizier aus der Ukraine, der 2. Offizier aus Rumänien, ein Bootsmann aus Ghana und ein weiterer von den Capverdischen Inseln. „Chief" (Chefingenieur) und Koch sind Filipinos. Multikulti auf 101 mal 18 Metern Schiff, Bordsprache Englisch. Für das "Ausflaggen" nach Antigua Barbuda muss eine deutscher Reeder nicht weit fahren: das "Antigua and Barbuda Marine Department and Registration" - Büro hat seinen Sitz im Hopfenweg 14, Oldenburg.

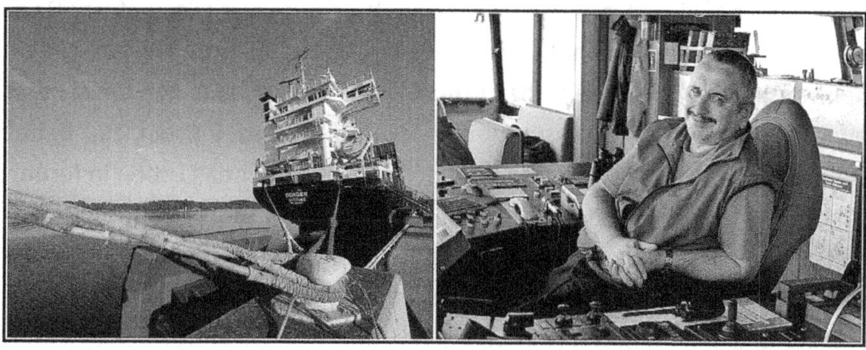

Noch vor Sonnenuntergang erreicht die CONGER die Schleusenanlagen von Brunsbüttel zur Einfahrt in den Nord-Ostsee-Kanal, der nun mit einem Lotsen und einem Kanalsteuerer an Bord in der Nacht durchfahren wird. Aufregend war der erste Tag und voller neuer Eindrücke. Da muss das eintönige Brummen und Vibrieren des Schiffsmotors gar nicht nachhelfen, um einen in den verdienten Schlaf zu wiegen. Die erneute Schleusung in Kiel sechs Stunden später erfolgt im Tiefschlaf; und dass der Kapitän dort seine Vorräte an Zigaretten, Bier und Alkoholika für seinen „Bordshop", den er außerhalb der 12-Meilen-Zone betreibt, aufgefrischt hat, haben nur die Wachhabenden mitbekommen.

Seetag. So heißt das auf Kreuzfahrten, und auf „richtigen" Kreuzfahrtschiffen meint man, den Passagieren nun etwas bieten zu müssen, damit ihnen nicht langweilig wird. Doch auch das etwas andere Programm auf der CONGER ist nicht zu verachten: zum Beispiel kann aufs Meer geguckt werden. Auf die Wellen und den Horizont. Auf die Gischt am Heck. Vielleicht taucht ja auch ein Schiff auf. Nur was für eins? Ein Bulker? Ein Tanker? Eine Fähre? Jetzt könnte man schätzen, wie lange es braucht, um das Schiff einzuholen oder selber eingeholt zu werden. Alle halbe Stunde müsste man seine Schätzung wohl anpassen. Aber dann geht es auf einmal ganz schnell und das Schiff ist wieder verschwunden. Oder man schaut sich auf der Brücke um, inspiziert die vielen Instrumente, ohne zu wissen wozu genau sie gut sind. Schaut in die Monitore und lauscht dem krächzenden Bordfunk. Die überall herumhängenden Dokumente wollen entschlüsselt werden: technische Anweisungen, Staupläne, Reports, Listen. Wozu das nur alles gut ist? Dazu könnte man den wachhabenden Offizier befragen und zugleich seine Kenntnisse des Englischen überprüfen. Oder man schaut der Crew beim ewigen Ausbessern, Deckschrubben, Einfetten und Pinseln zu, bahnt freundlich ein Gespräch an und lernt so manches über das Leben in fernen Ländern. Man könnte das Schiff auf der Gangbord umrunden und dabei fast mit der Hand ins aufgeschäumte, zischende Meer fassen, so nah ist man hier den Elementen. Vorne am Bug ein Plätzchen in der Sonne suchen und nur dem Säuseln von Wind und Meer zuhören. Oder einen Blick durch die Klüsen wagen auf den die Wellen durchschneidenden Wulstbug. Tief durchatmen.

Auf der CONGER kann keiner die Zeit vertreiben, denn sie ist immer da. Zum Lesen, Sudoku-Lösen, Nachdenken, Dösen, Gucken, Ausruhen. Nur die festen Mahlzeiten in der Offiziersmesse geben dem Tagesablauf eine Struktur; aber wer morgens um 7.30 Uhr nicht frühstücken möchte – schon gar nicht Bratwürste, Spiegeleier oder Baked Beans – kann in seiner Koje auch ausschlafen und sich später einen Toast bereiten. Kaffee und Tee stehen eh immer bereit. Mittags und abends signalisiert ein Blick in die Kombüse und ein kurzes „Hello" zu Koch Bagcatin Prian Forel, dass die warme Mahlzeit serviert werden kann. Die ist abwechslungsreich, deftig und in der Zusammenstellung ab und zu, sagen wir mal: originell. Der Filipino ist einundzwanzig Jahre jung, hat das Kochen in einem dreimonatigen Schnellkurs gelernt und macht seine Sache erstaunlich gut, übt sich in einer Küche mit leicht italienischem Einschlag. Man wird satt und es ist schmackhaft. Und der Kapitän sitzt mit am Tisch, erklärt, erzählt oder diskutiert mit seinem Chief Engineer Wilfredo Asistio (58) irgendwelche Probleme mit Pumpen und Ballasttanks. Auf der CONGER ist jeden Abend Captain's Dinner. Jeden!

Nach eineinhalb Tagen Ostsee-Überfahrt tauchen die ersten verstreuten Felsinselchen auf: die schwedische Schärenküste ist erreicht. Von einem Lotsen muss Kapitän Adamczyk sich nicht assistieren lassen, denn er verfügt für dieses Gebiet über eine Lotsenbefreiung. Sie zu erwerben, hatte er seiner Reederei versprochen. Nun darf und muss er sein Schiff selber steuern und zeigen, was er kann. Die Revierfahrt verlangt höchstes nautisches Können, die Anspannung ist auf der Brücke zu spüren – jetzt keine Fragen bitte. Während die Gäste sich an der pittoresken Insellandschaft, Felsen, Wald und Wiesen mit eingestreuten bunt angemalten Holzhäuschen, kreuzenden Fähren und Unmengen von Segelbooten erfreuen, bugsiert Kapitän Adamczyk seine CONGER mittels Joystick behutsam gen Södertälje, seinem Zielhafen vor den Toren Stockholms. Die Fahrrinne sei hier manchmal so eng, dass nur wenige Zentimeter Platz zwischen Schiffsrumpf und felsigem Untergrund verblieben, erläutert der 1. Offizier Oleg Miendelutsa (63). Wer hier ein Richtfeuer nicht millimetergenau ansteuere, könne schnell auch mal unliebsame Bekanntschaft mit Granit machen.

In Södertälje angekommen, erfährt Adamczyk vom Disponenten, dass er den nächsten vorgesehenen Hafen gar nicht erst anlaufen muss, weil Fracht storniert worden sei. Das passt dem Kapitän gar nicht, wittert er doch schon die nächste Krise heraufziehen: „No cargo, no traffic, krisis will come back!" ruft er aus. Den Seeleuten sitzt die letzte Krise tief in den

Knochen: keine Charter, keine Heuer, Hunderte von Aufliegern - bitte nicht noch eine Krise. Doch der Kapitän weiß die gewonnene Zeit zu nutzen, ganz zur Freude der Gäste, die dafür sogar die Stippvisite nach Stockholm ausfallen lassen: eine zünftige Barbecue-Party für Crew und Passagiere wird ausgerichtet. Während Koch Bagcatin kiloweise Fleisch mariniert und Berge von Salaten vorbereitet, Kapitän und Kadett Lars in den nahegelegenen Wald zum Pilze sammeln entschwinden, kümmert sich die übrige Crew um das rustikale Ambiente. Da wird ein provisorischer Tisch aus Holzplanken zusammengezimmert, eine Art Getränkebar mit Dosenbier auf der Kiste mit den Rettungswesten eingerichtet, Blümchen-Tischdecken aus den 60ern hervorgekramt und wenig dekorativ, aber garantiert windfest mit braunem Klebeband befestigt. Fertig. Die Party verläuft in ausgelassener Stimmung und erstaunlicherweise gänzlich ohne die auf Frachtschiffen üblichen Karaoke-Vorführungen ganz nach dem Geschmack aller Teilnehmer. Nur Kapitän und Chief diskutieren exzessiv ihr Lieblingsthema: irgendwelche Probleme mit Pumpen und Ballasttanks…

Als müsse den Passagieren partout etwas geboten werden, löst Sicherheitsoffizier Draghici im Hafen von Ahus, den die CONGER am nächsten Tag ansteuert, falschen Alarm aus. Die Passagiere, die er rechtzeitig mit klarem „Not for you!" informiert hatte, werden nun Zaunzeugen eines „Drills", also einer Sicherheitsübung, bei der es zunächst gilt, einen Brand zu löschen und anschließend in vorgegebener Zeit das Freifallrettungsboot zu besetzen. Die Crew macht ihre Sache ordentlich, auch wenn das „Wasser marsch!" vielleicht etwas zu lange dauert und Bootsmann Francis (48) nur umständlich und nach zwei Anläufen in seinen feuerfesten Alu-Anzug hinein gezwängt wird. „Francis: too lazy!" mahnt Draghici mit einem Lächeln auf den Lippen. Im Ernstfall hätte das wohl deutlich anders geklungen. So einen Unfall wie auf der ausgebrannten FLAMINIA, den will wahrlich niemand miterleben.

Nach so viel Aufregung ist noch Zeit genug für eine kurze Stadtbesichtigung, denn das historische Zentrum und der kleine Yachthafen von Ahus sind gut zu Fuß erreichbar. Doch am Spätnachmittag heißt es schon wieder „Leinen los" und die CONGER tritt die eineinhalbtägige Rückreise an über eine mittlerweile leicht aufgewühlte Ostsee mit Windstärken über sieben Beaufort, aber bei strahlend blauem Himmel. Kein Grund, seekrank zu werden, auch wenn das Schiff mal etwas stampft oder rollt. Denn der Wind habe noch nicht genügend Zeit gehabt, die See so richtig aufzuwühlen, erklärt Kadett Lars (25) mit seinen paar Monaten Seebären-Erfahrung zur Beruhigung der Gäste. Deshalb würde die Überfahrt halbwegs freundlich verlaufen – auch ohne Stabilisatoren.

Der Junge wird Recht behalten. Keinem wird schlecht, ganz im Gegenteil. Das Pfeifen des Windes, das Tanzen der Schaumkronen auf den Wellen und das Stampfen des Schiffes lassen die Passagiere jetzt zum Ende der Reise spüren: jawoll, das ist Seefahrt! Kernig, knackig, frei wie der Wind. Weiter Horizont, stahlblauer Himmel, glutroter Sonnenuntergang. Klare Luft, klare Kante. Herrlich, dabei sein zu können. Wie schade eigentlich, dass der letzte Tag dann „nur" noch aus dem erneuten Durchfahren des Nord-Ostsee-Kanals und aus der Revierfahrt die Elbe hinauf besteht.

HOLIDAY IM ICE – MIT HELMUT NACH ST. PETERSBURG

Noch ein allerletztes Ruckeln und Schütteln, dann ein sanfter Stoß und HELMUT bewegt sich keinen Zentimeter mehr vom Fleck. Kapitän Lothar Papke gibt Order in den Maschinenraum: „Detlef, es ist 14.00 Uhr, wir sind fest im Eis. Maschine stopp! Hörst Du?" „Schrei mich nicht so an", echot es auf die Brücke mit gespielter Empörung zurück. „Bin doch nicht schwerhörig. Aber sensibel. Hörst Du?" Kurz darauf verstummt das ständige Wummern und Vibrieren des schweren Schiffsmotors, seine monotone Endlosschleifen-Melodie erklingt nicht mehr und eine seltsam ungewohnte, fast Grabesstille macht sich breit. Ruhe im Karton. HELMUT mit ihren 7.900 Tonnen Ladung in 450 Containern, ihrer zwölfköpfigen Crew und mit drei Passagieren an Bord, hat sich im kompakten Eis selbst festgesetzt. Zwangsweise, und nicht etwa, weil dem Schiff die Puste ausgegangen wäre.

Denn Kapitän Papke (59) hat am frühen Nachmittag Ankerplatz Nummer 4 erreicht, seine ihm zugewiesene Warteposition auf Reede in der Eiswüste vor Kronstadt. Anker werfen muss er hier freilich nicht, das rund sechzig Zentimeter dick gefrorene Ostseewasser wird sein Schiff fest umklammern, im Griff und auf Position halten, von ein wenig Drift vielleicht abgesehen. Geduld ist von nun an ein kluger Ratgeber und Wartenkönnen eine gefragte Tugend. Wer weiß, wann es weitergeht zur Einfahrt nach St. Petersburg. Heute noch? Auf keinen Fall, der Inbound-Konvoi wird gerade zusammengestellt und HELMUT ist nicht dabei. Morgen? Wohl kaum - vielleicht, vielleicht aber auch nicht. Und übermorgen? Achselzucken, die Russen würden sich schon melden. Bis hierher, zwanzig Seemeilen vorm Ziel, lief für die im Linienverkehr zwischen Rotterdam, Hamburg und St. Petersburg eingesetzte MS HELMUT noch alles nach Plan. Nun aber heißt es warten, warten, warten...

Zwölf Tage braucht das 134 Meter lange und 22,5 Meter breite Feederschiff für seinen Rundkurs von insgesamt 2.300 Seemeilen, an den sich der nächste nahtlos wieder anschließt. Nur mit fahrenden Schiffen rund um die Uhr lässt sich Geld verdienen – und mit Pünktlichkeit. Eine kleine Verzögerung in Rotterdam ist in Hamburg drei Tage zuvor bereits wieder aufgeholt, wo HELMUT wegen ganzer dreißig Container am Burchardkai festgemacht hat und anschließend fahrplanmäßig ablegen kann.

Hamburg ist auch Einschiffungshafen für drei Passagiere, die bei einem ungemütlichen „typisch norddeutschen" Mix aus Schnee, Regen, Hagel und Nasskälte froh sind, ihre gemütlichen, warmen und modern eingerichteten Kammern beziehen zu können. Auf dem Kapitänsdeck, also ganz oben mit freiem Blick nach vorn: die geräumige Eignersuite mit Wohnraum, Schlafraum und Bad. Auf dem C-Deck eine normale kleine Mannschaftskabine und auf dem B-Deck die etwas größere für einen 3. Offizier und freiem Blick seitwärts. Auf einem Schiff spiegeln die Kammergrößen schon seit jeher die Bord-Hierarchie wider. Und Passagiere müssen nehmen, was sie kriegen können.

Freie Kammern vergibt die Traditions-Reederei Jens & Waller aus Stade im Alten Land gerne an mitfahrende Gäste, die an Bord ihrer insgesamt drei baugleichen Schiffe „die Weltmeere erkunden möchten". Doch was soll reizvoll sein an einer Fahrt Anfang März in die grimmige Kälte des Finnischen Meerbusens? Warum dieser Zeitaufwand einer mehrtägigen Schiffsreise nach St. Petersburg, das doch auch in drei Stunden mit dem Flieger erreicht werden kann? Und wenn schon Schiff, warum nicht als Ostsee-Kreuzfahrt im Hochsommer, wo das Sonnendeck mit Cocktails und Swimmingpool lacht? Was lockt just dorthin, wo die Nächte immer noch länger sind als die Tage, während alle Welt - des grauen Winters überdrüssig - nach Madeira, die Kanaren, in Sonne und Wärme, in den Süden, aufbricht?

Es ist das Eis, und zwar bannig viel davon.

Schon seit Jahrhunderten müssen die Menschen am Bottnischen und Finnischen Meerbusen damit leben, dass hier die Ostsee im Winter regelmäßig monatelang zufriert, bisweilen bis in den Mai hinein. Nur mühsam können dann Eisbrecher die Fahrrinnen und Häfen in diesen Regionen freihalten. Für Passagiere sind solche Fahrten noch wahre kleine Abenteuer - direkt vor der Haustür. Zwar nicht vergleichbar mit einer Expeditionsfahrt in die Arktis, aber dafür für einen Bruchteil von Preis und Zeit zu haben. „Ice is nice" heißt es aber auch unter Seeleuten, die sich trotz Widrigkeiten und Strapazen der Faszination einer knackigen Eisfahrt kaum entziehen können.

Nach achtundvierzig Stunden Fahrt, mitten in der Nacht, erreicht HELMUT die ersten Eisfelder in Höhe der Rigaer Bucht. Das Spektakel beginnt. Zur Begrüßung pochen die ersten Treibeisklumpen gegen die Bordwand. Tock, tock, tock. Große und kleinere Exemplare, die aussehen wie die unregelmäßigen Einzelteile eines in Tausend Stücke zerbrochenen Spiegels, blitzen im Scheinwerferlicht des Schiffes auf, taumeln an der Bordwand längs und verschwinden achtern wieder in der dunklen Nacht ohne „Tschüss" zu sagen. Weg sind sie, neue kommen angebrandet. Tausende. So geht das eine ganze Weile und HELMUT verliert kaum an Fahrt, stampft mit 16 Knoten zügig voran, bis die erste geschlossene Eisdecke erreicht ist. Das Schiff mit der Eisklasse E 3 (nur für arktische Gewässer bedarf es einer noch höheren) und knapp 8.000 KW Maschinenleistung pflügt und sägt jetzt durch das gefrorene Nass, wird dabei aber langsamer und deutlich lauter, so dass auch der letzte Passagier in seiner Koje unweigerlich hochfährt. Willkommen im Eis! 400

Kilometer geschlossene Eisdecke liegen jetzt zwischen dem Schiff und seinem Zielhafen. Das Gepoltere durchs Eis ersetzt fortan das Säuseln von Gischt und Wellen. Und aus dem seichten Rollen oder Stampfen auf offener See wird jetzt ein Stoßen, Rütteln und Kippeln. Für die Passagiere hat das immerhin einen Vorteil: seekrank kann ab sofort keiner mehr werden…

Die glutrote Sonne, die da am nächsten Morgen tief im Osten aufgeht und beim Höhersteigen Himmel und Horizont für kurze Momente in ockergelb anmalt, täuscht Wärme nur vor. Draußen ist es jetzt lausige minus 15 Grad kalt, ein schneidender Wind frischt auf und als nach kurzer Zeit die Morgenröte verblasst, avancieren die bunten Container zum einzigen Farbfleck in der weißgrauen Eiswüste weit und breit. Nun kann man die Kälte auch sehen. In der geschlossenen, sich bis zum Horizont hinstreckenden Eisdecke gleißt das fahle Sonnenlicht, wird gebrochen an Ecken und Kanten übereinander geschobener Schollen, gespiegelt vom blanken, frischen Eis, türkisfarben reflektiert an Ecken, Kanten, Abbrüchen. Die von einer gigantischen Eisplatte versiegelte Ostsee als unendliches, weißes Glitzermeer: wunderschön, gewaltig, erhaben, ästhetisch und Respekt einflößend. Wahnsinn! Die Passagiere haben bekommen, was sie wollten: Holiday im Ice.

Nur eins ist es hier nicht: einsam.

Als Kapitän Papke pünktlich um 8.00 Uhr seine angestammte Brückenwache antritt, ist HELMUT nicht allein. Auf dieser Eisautobahn nach St. Petersburg, sind Dutzende von Schiffen unterwegs. Leuchtend rot gestrichene Tanker, mit Holzstämmen vollgepackte Bulker und vor allem Frachter mit Tausenden von Containern an Bord quälen, schieben und drängeln sich gen Osten. Aus dem stoischen Geradeauskurs von Waypoint zu Waypoint mit Autopilot wie auf offener See ist hier ein einziges Suchen, Tasten und Schlängeln geworden. Jeder fahndet nach dem besten Weg, keiner möchte stecken bleiben, alle wollen da lang, wo möglichst wenig Eis gebrochen werden muss und möglichst viel Schiffsdiesel gespart werden kann. Und voran muss es gehen, Hauptsache, es geht voran und sei es auch nur mit ein paar Knoten Fahrt.

Wenn es gar nicht mehr geht, wird auch schon mal im eigenen Fahrwasser zurückgesetzt und mit voller Wucht wieder ins Eis hineinmanövriert. Rammings nennen sie das. Lothar Papke kennt sich in diesen Gewässern und im Eis bestens aus. Schon als Sechszehnjähriger fuhr er zur See, bis zur Wende für die staatseigene „Deutsche Seereederei" der DDR. Der Mann hat eine Menge zu erzählen - aber jetzt nicht. Zwar sind Eisfahrten für den Routinier nichts Besonderes. Dennoch steht er nun stundenlang hochkonzentriert hinter seinem Fahrstand, die elektronische Seekarte fest im Blick, das Fernglas griffbereit, mit den Augen ständig den Horizont absuchend.

„St. Petersburg Traffic" hat HELMUT und etliche weitere Schiffe mit geringem Tiefgang auf eine Route weit südlich und küstennah geleitet. Eine Art „Nebenstrecke" vom Hauptverkehrsweg sozusagen, für die die täglich aktualisierte bunte „Eiskarte" des Schwedischen Hydrologischen Instituts „Close drift ice" von 25 Zentimeter Dicke bei einem Bedeckungsgrad von 70 bis 80 Prozent verzeichnet. Kapitän Papke weiß, dass er hier gut durchkommt. „Besser frisches und geschlossenes Eis knacken, als in schwimmendes und kompaktes Eis reinfahren", klärt er seine Passagiere auf, die selbstverständlich auf der Brücke fasziniert mit dabei sind. Da bliebe man schnell mal stecken. Am schlimmsten seien aber Presseis-Rücken, die entstehen, wenn Wind und Wellen zerschlagene Eisschollen meterhoch übereinander schieben. Um sie ausfindig zu machen, würden die Russen auch schon mal Helikopter losschicken. Und dass der stürmische Wind den Schnee weggefegt habe, sei heute von Vorteil, weil so die Beschaffenheit des Eises besser zu erkennen sei.

Dunkles Eis? „Sollst Du suchen! Das ist jung und dünn." Helles Eis? „Sollst Du meiden! Alt, dick und kompakt." Wieder eine Lektion Eislehre mehr vom „Alten" für die Passagiere.

Stunde um Stunde rumpelt HELMUT ostwärts, verliert schon mal kräftig an Fahrt, denn das Eis wird langsam aber sicher immer dicker. Bald taucht auch der erste Eisbrecher auf, der einen schlapp gemachten Holzfrachter - seemännisch korrekt ausgedrückt - „auf den Haken genommen" hat. Papke und sein 67jähriger Chief Detlef Stampärt, der auf einen Pott Kaffee mal grade hoch auf die Brücke gekommen ist, frotzeln voller falschem Mitleid rum. „So schnell wie auf'm Haken ist der noch nie durchs Eis gekommen." Und gezahlt werden müsste auch, denn Eisbrecherunterstützung sei zwar kostenfrei, nur eben das Abschleppen nicht. „Das wird halbstündlich abgerechnet", weiß Papke und erweckt den Eindruck, als würde ihm so etwas natürlich nie passieren. Eisbrecher mit ihren hohen ockergelben Aufbauten sind ab hier ständige Begleiter. Manchmal scheinen sie nur auf Lauer zu liegen, dann ziehen sie gleich mehrere Schiffe hinter sich her. Dieses Jahr haben die Russen sogar den zweitgrößten mit Atomkraft angetriebenen Eisbrecher der Welt im Ostsee-Einsatz: die ROSSIYA. Das Schiff kann fünf Meter dickes Eis brechen und brachte 1990 erstmals in der Weltgeschichte Passagiere als Touristen zum Nordpol.

Unter stahlblauem Himmel können sich die Passagiere der HELMUT am vielen Eis gar nicht satt sehen. Es kommt in immer neuen Variationen daher: mal als geschlossene, glatte Fläche. Dann wieder zerbröselt vom vielen Durchpflügen der Schiffe wie bei einem Streuselkuchen. Mal als tonnenschwere Eisplatten schwimmend in Waken, also im offenen Wasser, dabei lautstark gegen die Bordwand hämmernd. Dann wieder als bizarre Landschaften von in Kleinteile zerlegten und wild chaotisch übereinander gestapelten Brocken oder als geschuppte Formationen. Kilometerweite Flächen sehen aus, als hätte erst ein Riese kübelweise Gips ausgegossen und anschließend der Wind sich künstlerisch am Formen von wirren Skulpturen versucht. Wer sich bei der Kälte rauswagt, das Deckshaus verlässt und die Gangbord entlang zum Bug begibt, bekommt auch akustisch einiges geboten. In der Eis-Symphonie ratscht, knirscht, kracht, schmurgelt, pocht und dröhnt es - unentwegt.

HELMUT kämpft sich derweil weiter durch die frostige Materie, am liebsten in von anderen Schiffen bereits frei gefahrenen und vom Eis noch nicht wieder zurückeroberten Rinnen. Ob freiwillig oder nicht: hier hilft der Stärkere zwangsläufig dem Schwächeren. Auch Papke weiß das zu nutzen. „Der da ist unser Freund", stellt er nüchtern fest, als er sich eine Zeitlang hinter einen Bulker hängt. „Und die da", Papke zeigt mit dem Finger auf den Radarschirm, „die drei können nicht mehr, liegen fest. Ende, aus. Null Knoten!" Filipino Hermann (53) - der 1. Offizier heißt wirklich so - pflichtet ihm bei: „Yes, stuck in the ice!" Aus eigener Kraft scheinen die Schiffe nicht mehr voran zu kommen. Für sie beginnt jetzt die Geduldsprobe, wann sich ein Eisbrecher ihrer erbarmt.

Da kommt in Lothar Papke die alte Pfadfindermentalität hoch: jeden Tag eine gute Tat. Denn die AMELAND (ein Containerfeeder), die CINNAMON (ein Bulker) und die „RUSICH 5" (ein Trockengutfrachter) liegen so dicht beieinander, dass HELMUT bei einer geschickten Durchfahrt die Hilflosen vom Würgeeis befreien könnte. Ein nautisch nicht ungefährliches Manöver hat Papke da vor und schon meldet sich CINNAMON über Funk mit einem warnenden „Dangerous, too dangerous!". Papke lässt sich aber nicht beirren, manövriert HELMUT nah an den Steckengebliebenen vorbei und knackt die Eisplatten. Als er die drei hinter sich gelassen hat, sich umblickt und sieht, dass bis auf den Russen die beiden anderen wieder in Fahrt kommen, überzieht ein stolzes Grinsen sein Gesicht: „Na bitte. Wollen die hier etwa auf den Frühling warten, oder was?" Und für die Passagiere gibt er noch ein wenig Seemannsgarn zum Besten: „Also, wenn da ein Robbenweibchen mit Jungem im Eis liegt. Da fahren wir natürlich im großen Bogen herum…"

Am nächsten Mittag ist es mit dem Fahren allerdings erstmal vorbei. Keine Einfahrt nach St. Petersburg! HELMUT gesellt sich zu einem Dutzend weiterer Schiffe, die hier auf Reede vor Kronstadt Zwangspause einlegen müssen. Die Fahrrinne in die Zarenstadt ist so eng, dass Schiffe sich nicht begegnen können und deshalb zwei Mal am Tag nur in Konvois entweder herein- oder herausgelassen werden. Ein mühseliges Unterfangen, aber St. Petersburg ist nun Mal Russlands „Fenster nach Europa" – allein aus Hamburg werden jährlich über 600.000 Container dorthin geschafft: gefüllt mit Fleisch, Kühlgütern, Obstkonserven, Fahrzeugen, Möbeln, Elektroerzeugnissen sowie chemischen Produkten. Ein ständiger Warenstrom, der nicht abreißen darf, lebenswichtig für eine boomende Volkswirtschaft.

All die Güter liegen nun hier draußen auf Dutzenden von im Eis gestrandeten Schiffen. Die Bulker, Tanker, Containerschiffe und Autocarrier liegen bereits in Fahrtrichtung, den Bug gen Kronstadt und trotzig gegen den eisigen Sturm gerichtet. Auf Abruf bereit. Dann werden erst die Eisbrecher vorfahren und wenn nötig helfen. Danach Weiterfahrt zur Lotsenstation, wo in der freien Fahrrinne erneut gestoppt werden muss, damit der Lotse mit Hilfe einer Hebebühne von seinem Tenderschiff, das wegen der Eisdicke nicht nah genug heran kommt, übergesetzt werden kann. Im Hafen von „Leningrad" (jedenfalls werden die Schiffe bei der Einfahrt durch riesige Betonlettern so begrüßt) angekommen, wird es auch dort viel Unterstützung bedürfen, wenn Schlepper und Hilfsschlepper assistieren, Eis zwischen Schiffsrümpfen und Kaikante verwirbeln, damit überhaupt angelegt werden kann: „Schlepperballette" rund um die Uhr sind da im Hafen zu bewundern und grade nachts eine Vorführung der besonderen Art.

Zeit genug wird es auch für die Passagiere geben, sich die Stadt an der Newa in Ruhe anzuschauen, denn bis alle Container abgeladen, mehrere

Terminals angelaufen und neue Boxen wieder aufgeladen sind, vergehen zwei Tage.

Dann heißt es erneut Warten auf den nächsten „Outbound"-Konvoi und hoffen, dass nicht wieder ein Riesentanker die Hafeneinfahrt für Stunden blockiert, weil er partout nicht an die Kaje zu bugsieren ist. So wird es kommen. Immer wieder dieselbe mühselige Prozedur, weil „Väterchen Frost", dieser mächtige Zauberer, über den russischen Winter herrscht. Er lässt Flüsse und Seen erfrieren, Schneestürme über das Land fegen und hält Russland Monate lang in seinem eisigen Griff. Wenn er seinen Zepter in den Boden stampft, hört man die Kälte klirren. Auf den festsitzenden Schiffen wollen indes alle nur den einen erlösenden Funkspruch hören, nämlich den, dass es weiter geht.

Irgendwann wird auch HELMUT an der Reihe sein.

EINE RHEINFAHRT – SCHROTT SEI DANK!

Wer „zu Berg" oder „zu Tal" unterwegs ist, sitzt nicht etwa in einer Gondel im Gebirge, sondern fährt mit einem Schiff auf Flüssen und Kanälen. Die MS MICHAELA nimmt sogar Gäste an Bord, die im Urlaub den Alltag einer Binnenschiffer-Familie kennenlernen können.

Amelsbüren, das ist ein Örtchen südlich von Münster und dort bin ich verabredet. Durchfährt man den einzigen Kreisel und verlässt ihn auf neun Uhr, missachtet anschließend diverse Verkehrsregeln wie „Privatweg" oder „Durchfahrt verboten", rutscht sodann die letzten Hundert Meter einen Schotterweg entlang, landet man unweit der A1-Autobahnbrücke direkt am Dortmund-Ems-Kanal. Dort liegt die MS MICHAELA, ein 171 langer und 9,50 Meter breiter Schubverband: mein Urlaubsdomizil für eine Woche.

„Das ist mein Schiff. Und auf meinem Schiff wird sich geduzt. Ich heiße Christian", begrüßt mich Schiffseigener Pawliczek (42) herzlich. Der Mann für klare Ansagen ist Binnenschiffer aus Leidenschaft in dritter Generation. Sein Großvater schipperte auf der Oder, nach dem Krieg verschlug es die Familie in den Westen. Angereist, die Sommerferien auf dem Schiff zu verbringen, sind auch Ehefrau Helen (41), die beiden Söhne Michael (15) und Henning (13) sowie Nesthäkchen Katharina (9). Zur Duzgemeinschaft an Bord gehören noch drei polnische Bootsleute und Aaron. Der weißhaarige Aufpasserhund, ein Malteser, besteht ebenfalls nicht darauf, gesiezt zu werden.

Motor an, Leinen los. Am Steuerstand nimmt Christian seine typische Haltung ein: linke Hand am Ruderhebel, Füße hoch gelegt, Blicke nach vorn gerichtet oder links auf den Bildschirm, wo abwechselnd mal Fernsehen, mal eine elektronische Karte aufscheint. Gerne hält er in der rechten Hand sein Handy, denn Telefonieren scheint eine seiner Leidenschaften zu sein. Langsam - bei 10 Kilometern die Stunde könnte man locker mit dem Fahrrad nebenher fahren - schieben sich die miteinander verkoppelten Schiffskörper durch den Kanal. „Motor" und „Back" werden Motorschiff und Leichter genannt, das lernt man schnell. Beladen sind sie nicht, nur ein paar Tonnen Ballastwasser schwappen wie in einer überdimensionalen Badewanne hin und her.

Ballast ist auch nötig bei einer Kanalfahrt quer durchs Ruhrgebiet, sonst würde das Schiff nämlich gar nicht unter den vielen Brücken hindurch kommen. Taucht eine auf, fährt Christian seinen Fahrstand weit nach unten, nur sein Kopf - oder auch nur die obere Hälfte davon - luken durch eine Öffnung im Dach hervor. Millimeterarbeit, Präzisionsarbeit. Ist die Brücke passiert, wird das Steuerhaus wie ein Teleskop wieder hinauf gefahren. So geht das Brücke für Brücke und es gibt viele davon. „Du fährst wohl gerne Fahrstuhl", frotzele ich. Um keine Antwort verlegen, ätzt Schiffsführer Christian zurück: „Ich hoffe, Dein Wagen ist Vollkasko versichert. Die nächste Brücke könnte ihn zerschreddern." Da halte ich lieber die Klappe, verstehe jetzt, warum er am Telefon partout die Höhe meines Autos wissen wollte und bin erleichtert, als das Gefährt schließlich mit bordeigenem Kran weiter nach hinten umgesetzt wird. Es soll mich am Ende der Reise schließlich wieder nach Haus bringen.

Brückendurchfahrtshöhen, Schleusenabmessungen, defekte Schleusen, fehlende Liegeplätze: schon am ersten Tag lerne ich so einiges vom Probleme-ABC der Binnenschifffahrt kennen. Christian schimpft über die Deutsche Bahn, die als letzte ihre Brücken erneuern und höher legen würde. „Die Binnenschifffahrt ist doch deren Konkurrent." Und dass er heute nicht mehr weit käme. Es ist Wochenende, da wird nachts nicht geschleust, sondern erst ab 6.00 Uhr in der Früh wieder.

Die MS MICHAELA ist im Morgengrauen das erste Schiff, das in die Schleuse Wanne-Eickel einfährt. Loszufahren spätestens um sechs ist für Christian Berufsalltag. Mit einer Kanne Kaffee bewaffnet entert er die Brücke, wo seine Gäste ihm jederzeit über die Schulter schauen können. Via Sprechfunk verständigt er sich mit Bootsmann Marek (33), der mit den Festmachertauen beschäftigt ist. Die Kommandos sind kurz und präzise, alle Handgriffe sitzen. Als der Schubverband die dunkle, schmierige Schleusenkammer verlässt, schaut Christian erstmal bei Marinetraffic (einem Onlinedienst, der Schiffspositionen anzeigt) nach, wo sich die HANSEATIC SCOUT befindet. Der Schüttgutfrachter ist auf dem Weg von Norwegen nach Rotterdam und hat den Bauch voll Schrott. Der soll am nächsten Morgen ab acht Uhr auf das Binnenschiff umgeladen werden.

Christian ist beruhigt, das Seeschiff umfährt gerade den Skagerak und wird wohl pünktlich in Rotterdam eintreffen. Die MS MICHAELA auch. Bedächtig tuckert sie durch den Rhein-Herne-Kanal, der vor Hundert

Jahren eröffnet wurde und eine wichtige Verkehrsader für die boomende Montanwirtschaft des Ruhrgebiets war. War, denn diese Funktion hat der Kanal mit dem Sterben der Zechen und dem Niedergang der Schwerindustrie längst eingebüßt. Heute begleiten sattes Ufergrün, Marinas für Sportboote, Radwege und Kunstwerke am „Kulturkanal" die Fahrt durch den „Pott". Umgenutzt für Naherholung und touristische Zwecke. Wir passieren die Künstlerzeche „Unser Fritz" in Herne, den Nordsternpark in Gelsenkirchen mit seinem Amphitheater und der markanten roten Bogenbrücke, die Marina Oberhausen nebst Strandbar und Europas größter Unterwasserwelt „Sea Life", schließlich die wohl bekannteste Landmarke, eine riesige Tonne im Revier, den „Gasometer" Oberhausen, in dem sich gerade Christo austobt. Vor der Schleuse Oberhausen-Lirich haben Künstler eine große Tafel angebracht: „GEDULD" steht darauf. Wie treffend!

Es ist völlig ruhig am frühen Morgen. Ich atme tief die klare Luft ein, lausche dem monotonen Motorengeräusch und dem freundlichen Gezirpe der Vögel im Ufergebüsch. Immer wieder begegnen uns andere Binnenschiffe. Ich lerne: das ist eine Frühaufsteherbranche. Andere haben Party gefeiert am Kanal gestern Nacht - Überreste in Form von Gartenmöbeln schwimmen dort herum. Christian verständigt die Wasserschutzpolizei: soll die sich mal kümmern. Ein paar Tage später, beim nächtlichen Einfahren in den Kölner Hafen, wird er selbst von den Gewässer-Sheriffs kontrolliert, muss sogar zwanzig Euro Strafe zahlen. Achtzehn Stunden ununterbrochen darf Christian sein Schiff führen, danach ist eine Ruhepause von mindestens sechs Stunden einzuhalten. Er hatte seine Fahrzeit um ein paar Minuten überzogen. Achtzehn Stunden! Ich kann es kaum glauben. Der Mann kommt nie richtig zur Ruhe.

Ich begreife: Weilt Familie Pawliczek daheim, in Haren an der Ems, kann Schiffsführer Christian nicht auch noch seine Gäste beköstigen. Er sitzt ja fast die ganze Zeit am Steuer und wird nur ab und zu von Damian abgelöst, der ebenfalls ein Fahr-Patent besitzt. Seine Gäste können dann die modern eingerichtete große Küche mit nutzen, verfügen in ihrem Zimmer über einen eigenen Kühlschrank, müssen sich allerdings vorher mit den nötigen Lebensmitteln eindecken. Getränke können an Bord gekauft werden. Doch jetzt in den Ferien ist der ganze Clan an Bord. Helen kümmert sich um Frühstück, kocht Mittag und bereitet das Abendessen – gerne auch für die „Passagiere" mit. Sie ist gelernte Hotelfachfrau. Das Angebot, mit der Familie zu essen, nehme ich gerne an. Und so sitzen wir drei Mal am Tag in einer engen Sitznische hinter Steuerpult und Christian, der seine Mahlzeiten auf einem Tablett serviert bekommt, das er während der Fahrt auf seinen Oberschenkeln jongliert. Pause? Fehlanzeige.

So sieht es also aus, das Familienleben in der Binnenschifffahrt. Christian holt abends kein Schifferklavier raus, sondern geht früh schlafen. Helen kümmert sich auch nicht andächtig um Geranienkästen, sondern um Wäsche, Kinder, Internetseite, Korrespondenz und Buchhaltung. Das Rheinpatent zum Führen eines Binnenschiffes besitzt sie obendrein. Auch die Jungs helfen, wo sie können. Michael wird nach Erwerb seines Realschulabschlusses eine Lehre bei seinem Vater anfangen und vielleicht die Binnenschiffer-Tradition der Pawliczeks fortsetzen. Ab und zu darf er unter Beobachtung seines Vaters auch schon mal ans Ruder. Eine Familie, die nicht nur von, sondern auch für die Binnenschifffahrt lebt. Und Gäste aufnimmt, als würden sie schon immer dazu gehören.

Als wir endlich den Rhein befahren, wird das Ballastwasser abgepumpt und der Laderaum von den Kindern zum Spielplatz umfunktioniert. Mitten auf dem Rhein fahren sie im Schiffsrumpf Scateboard, spielen Fußball, üben sich im Tennis oder malen mit bunter Kreide Bilder an die Stahlhaut. Das seltene Vergnügen währt nur bis Rotterdam, denn dort wird pünktlich am anderen Morgen mit Hilfe eines Schwimmkrans der ganze skandinavische Schrott vom Seeschiff aufs Binnenschiff verladen. Wieder keine Pause für Christian. Er achtet auf die gleichmäßige Verteilung der tonnenschweren Fracht, muss sein Schiff umsetzen, lässt sogar wieder Ladung abnehmen, da der Schubverband zu tief im Wasser liegt. Staubwolken von Rost wirbeln bei jedem Hub auf, Mensch und Schiff sind zum Schluss von einer braunen Schicht bedeckt. Ich bleib da mal lieber im Steuerhaus!

Zu guter Letzt erscheint der Eichmeister und misst noch ganz klassisch mit Zollstock den Abstand von Gangbord zur Wasseroberfläche, errechnet daraus die aufgenommene Tonnage und stellt die amtlichen Papiere aus. 3.611 Tonnen Schrott sind nun an Bord. Und für die wird das Stahlwerk in Kehl am Rhein dem Händler zahlen müssen. Und natürlich Christian für den Transport, der „erstmal duschen" geht, bevor der 1.632 PS starke Motor mit zwei Maschinen angeworfen und abgelegt wird. Damian, seine Lebenspartnerin Mirella (30) und Marek sind nun den Rest des Tages mit Großreinemachen beschäftigt: der gesamte Schubverband wird von vorn bis hinten, von oben bis unten abgeduscht und abgeschrubbt, bis auch das letzte Krümchen Roststaub im Rhein gelandet ist. Blitzsauber fährt MS MICHAELA jetzt rund 700 lange Kilometer „zu Berg".

Aber wie langsam! Der Schubverband wird knapp über drei Meter tief von seiner schweren Fracht in den Strom gedrückt, nur wenige Zentimeter ragt die Gangbord aus dem Wasser heraus und wird dabei ständig überspült. Entgegenkommende Schiffe lösen regelrechte Wellen aus, die angerauscht kommen, sich brechen und vor denen der hintere Teil des Schiffes mit Wohnung und Steuerhaus durch ein quer angebrachtes Schanzkleid, einen „Wellenbrecher", geschützt werden muss.

Ganz vorn am Bug des Leichters ist es herrlich einsam, beruhigend still und der richtige Platz für Urlaubsstimmung: kein Motorgeräusch, kein Sprechfunk, keine kreischende Flex, kein Hämmern und Schrauben, nur das Plätschern von Wellen wie an der Ostsee an einem ruhigen Sommertag. Will ich jetzt dorthin, muss ich eine Schwimmweste anlegen. „Zieh auch Gummistiefel über", ruft Christian mir nach. Doch ich wate lieber barfuß durchs warme Rheinwasser, das die Waden bis zum Knie hoch umfließt und nur die ersten Meter etwas Furcht einflößend wirkt. Eine Wanderung mitten durch den Rhein unternehme ich da, fühle mich frei und bedaure die Gäste auf den vielen Flusskreuzfahrtschiffen (Michael nennt sie „Mumiendampfer"...), die solch ein Abenteuer nicht geboten bekommen. Ich habe eine Kreuzfahrt der besonderen Art gebucht!

Über 80 Prozent aller auf deutschen Wasserstraßen beförderten Güter werden auf dem Rhein transportiert. Auf dem Wasser-Highway hetzen die einen zu Tal und quälen sich die anderen zu Berg. Überholmanöver dauern hier eine Ewigkeit – Güterverkehr in Zeitlupe. Christian kennt den Strom wie seine Westentasche, jede Brücke, jeden Hafen, jede Fähre, jede Biegung, jede Strömung, jede Buhne. Er befuhr den Rhein schon mit seinem Vater Rudolf, bei dem er 1987 eine Lehre begann. Schon zehn Jahre später machte er sich mit einem Frachter selbständig und erwarb mit Frau Helen dann vor fünf Jahren den Schubverband. Von seinen Ausmaßen her ist der mit das Größte, was als Binnenschiff momentan so unterwegs ist und natürlich der ganze Stolz der Familie. „Kanalrutscher" nennt Christian die Kleinen, die sich dem Trend zum immer Größeren nicht unterwerfen ein wenig despektierlich.

Doch der Jungunternehmer wirkt besorgt und gehetzt. Wer eine Woche Gast in der Familie sein darf, immer mittendrin im Geschehen, Gespräche, Telefonate mitbekommt, spürt das deutlich. Wie in der Seeschifffahrt hat die Krise auch für die Binnenschiffer voll zugeschlagen, die unter sinkenden Frachtraten, Überkapazitäten an Tonnage, steigenden Spritkosten und vielem mehr leiden. Knapp vier Millionen Euro habe der

Schubverband gekostet, sein Wert sich bis heute halbiert, gibt Christian bereitwillig Auskunft auf eine meiner vielen neugierigen Fragen. Und schimpft auf die Holländer, deren Schiffe längst den finanzierenden Banken gehörten und für jeden Preis Fracht beförderten, damit überhaupt Geld in die Kasse käme. Und über fehlende Solidarität: „Liegen drei Binnenschiffe nebeneinander und warten auf Fracht. Geht ein Angebot ein, winkt der erste ab, weil es seine Kosten nicht deckt. Der zweite sagt, er überlege es sich. Der dritte willigt ein. So ist das." 9,50 EURO pro Tonne Fracht, damit würde er bei diesem Auftrag klarkommen. Er erhält sie aber nicht.

Auch wenn sich das Pawliczek-Familienunternehmen, ein so genannter „Partikulierer", mit fünfzehn weiteren Schiffen einem „Befrachter" angeschlossen hat, garantiert das keineswegs sichere Frachtaufträge wie in früheren Jahren, in denen ordentlich Geld verdient wurde. Vor meiner Reise tingelte die MICHAELA ein paar Tage lang mit Baustoffen ständig zwischen Duisburg und Münster hin und her, und wie es nach meiner Woche an Bord weitergeht: Christian weiß es nicht. Er wird erstmal den Schrott zum Stahlwerk bringen, Walzdraht laden und in Lübbecke abliefern.

Seine Suche nach Fracht zu auskömmlichen Preisen ist zum Überlebenskampf geworden. Das aktuelle Hochwasser des Rheins mache alles nur noch schlimmer, erläutert er, denn nun könnten die Schiffe voll beladen fahren und das senke die Frachtraten. Niedrigwasser hingegen, das wäre prima. So hat Christian seinen ganz eigenen Blick auf den großen deutschen Strom, versucht Sprit zu sparen, indem er sein Schiff aus der starken Strömung hinaus ins seichtere Wasser dirigiert, immer das Echolot im Blick. Am Ende der Reise wird er dennoch 20.000 Liter Diesel verfeuert haben, gebunkert in voller Fahrt, um keine Zeit zu verlieren. Das ökonomische Probleme-ABC liest sich ergo so: Man lebt von der Hand in den Mund und wartet auf bessere Zeiten.

Christian kennt sie alle, die Fahrgemeinschaft der Binnenschiffer ist übersichtlich. Er weiß, welches Motorschiff gerade mit Kohle unterwegs ist, wie viele Schubverbände mit Erz die Duisburger Thyssen-Stahlwerke versorgen, wer von Containern auf Schüttgut umgestiegen ist, welche Reederei für Ford in Köln Autos nach Antwerpen bringt, wer Futtermittel wohin bringt und Getreide von wo holt. Er weiß, wer Probleme hat und wer expandiert. Für sich, seine insgesamt sechs Bootsleute und seine Familie will er aber vor allem eins wissen: woher bekommt er die nächste Fracht und stimmt der Preis?

Die Mitnahme von Urlaubsgästen jedenfalls ist willkommenes Zubrot. Würde er wieder ein Schiff bauen lassen, dann gleich mit zusätzlichen Zimmern für Gäste, ist sich Christian sicher. Ob es dazu jemals kommen wird? Für die Schönheiten der Rheinlandschaft, so scheint es, haben außer mir und Hund Aaaron die anderen an Bord selten einen Blick. Dabei ist es am Niederrhein mit seinen vielen Sandbänken am Ufer, weidenden Kühen und fröhlichen Paddlern so beschaulich, am Mittelrhein mit Loreley, Weinbau, Fachwerkstädtchen und mittelalterlichen Burgen so pittoresk und am Oberrhein fast mediterran schön. Mittendrin schwimmen 3.611 Tonnen Schrott.

SCHÜTT GUT - ALLES GUT
AUF TRAMPFAHRT MIT FRANK W

Ständig auf der Suche nach Ladung steuern Trampschiffe heute diesen und morgen jenen Hafen an. Der Trockengutfrachter FRANK W ist so ein Vagabund der Meere. Er nimmt Passagiere mit, die das Ungewisse nicht schreckt und vor allem eins im Koffer haben sollten: genügend Zeit.

Schnell, schnell! Muße haben die Jungs von der FRANK W jetzt wahrlich nicht. Mitten in der Nacht mussten sie alle raus aus Kojen und Kammern, vom Chefingenieur bis zum Koch. Über die wacklige Gangway werden Pakete, Kisten und Kästen via Menschenkette weitergereicht und erstmal irgendwo auf den rostbraun gestrichenen Lukendeckeln deponiert.

Dutzende von Flaschengebinden werden an Bord genommen, denn Trinkwasser war etwas knapp geworden. Palettenweise frisches Obst und Gemüse schaukelt über die Reling und mit dem an Deck gestemmten XXL-Sack voller Kartoffeln wird die Nudelesserei auch ein Ende haben.

Zwischendurch wandert in Gegenrichtung mein Koffer von Bord, stört ein wenig den steten Fluss an Gütern, die der Schiffsausrüster mit einem kleinen Elektropritschenwagen hat hierher direkt an die Kaikante bringen lassen. Die Männer arbeiten konzentriert, lange Abschiedsworte, für Seeleute eh unüblich, sind jetzt nicht drin. Tempo, Tempo – alles muss an Bord! Als kleines, letztes Dankeschön an die Crew helfe ich, die eingeschweißten Waren aus ihren Plastikumhüllungen zu befreien, damit das Entladen zügiger geht. Es ist das erste Mal, dass ich als Passagier sogar arbeite, Hand anlege, mithelfe (vom Teekochen für den Kapitän einmal abgesehen) - hier an der von Flutlicht erhellten Nordkammer der großen Seeschleuse in Kiel-Holtenau.

Noch auf hoher See waren die Lebensmittel bestellt worden, die jetzt während der etwa zwanzigminütigen Schleusung so hektisch an Bord genommen werden, als stünde die Crew kurz vorm Hungertod oder als wäre Skorbut ausgebrochen. Als der Lieferwagen scheppernd davon rollt, gehen die letzten Bündel an Bord, wird die Gangway eingeholt und die Festmachertaue bereits wieder losgeworfen. Da öffnet sich das vordere Schleusentor und FRANK W entweicht in die dunkle Nacht zur Passage durch den Nord-Ostsee-Kanal. Ich winke, good bye! Doch die Mannschaft hat jetzt erstmal eine Weile damit zu tun, all die Habseligkeiten unter Deck zu bringen und zu verstauen. Als ich das weitläufige Betriebsgelände durch eins der mannshohen Schiebetore Richtung Parkplatz verlasse, sind meine Gedanken noch auf dem langsam entschwindenden Schiff, dessen Positionsleuchten mich ein letztes Mal grüßen. Zielhafen: Brake, Unterweser. Dort soll Zellulose gelöscht werden, dann wird sich der Frachter leer auf den Weg nach Rotterdam machen, wo neue Ladung wartet: Transformatoren für Loviisa, Finnland. Wie und wohin es danach weitergeht, weiß in dieser Nacht noch keiner.

Hier, an der Schleuse in Holtenau, hatte ich mich auch eingeschifft. War pünktlich im Morgengrauen um 5.15 Uhr angekommen, nicht ahnend, dass der Frachter schon vor der Schleuse Brunsbüttel viel Zeit verloren hatte, in einer der zwölf Weichen des Kanals erneut warten musste und sich deshalb um mehrere Stunden verspätete. So begann das entschleunigte Leben schon wartend im Aufenthaltsraum des Seemannsheims. Erstmal an Bord würde ich sowieso alle Zeit der Welt mein eigen nennen, der Alltagshektik entflohen sein. Zu diesem Zeitpunkt wusste ich nur dreierlei: Erstens, woher das Schiff kam: nämlich aus Vlissingen, Niederlande. Zweitens, welchen Hafen es als nächstens anlaufen würde: nämlich Oulu, Nordfinnland. Und drittens: dass es irgendwann auch wieder den Nord-Ostsee-Kanal, international auch „Kiel-Kanal" genannt, durchfahren würde, so dass ich genau hier wieder aussteigen könnte.

Vorausgesetzt freilich, FRANK W würde anschließend nicht immer nur Häfen der Ostsee ansteuern; vorausgesetzt, der Kanal würde nicht mal wieder gesperrt wegen Havarie, kaputten Schleusentoren oder Streik; vorausgesetzt, die Route zurück in die Nordsee würde tatsächlich durch den Kanal führen und nicht etwa um Skagen herum. Vorausgesetzt also, mein kleines Abenteuer würde sich in genau den überschaubaren Grenzen halten, die ich mir ausgemalt hatte. Ziemlich viel Konjunktiv dabei, aber, um es vorweg zu nehmen: ich hatte Glück.

Mit 90 Metern Länge und 12,5 Metern Breite ist die FRANK W wahrlich kein großer Pott, Kapitän Michael Lüdtke (57) nennt ihn eine „olle Gurke" und wundert sich, dass es immer wieder Passagiere gibt, die es auf seinen kleinen „Dampfer" verschlägt. Die traditionsbewusste Reederei Wieczorek aus Hamburg mit Firmensitz direkt am St. Pauli Fischmarkt hat gleich sechs solcher "Bulker", also Trockengut-Frachter für Getreide, Futtermittel, Schrott, Müll, Holz, Projektladung, Kali oder Steine in Fahrt - darunter neben der FRANK W noch zwei baugleiche Schwesternschiffe - auf denen regelmäßig Gäste mitgenommen werden. Und die müssen bereit sein für ein kleines, aber letztlich überschaubares Abenteuer. Denn solche Schiffe sind nicht wie die meisten Containerfrachter im Linienverkehr eingesetzt, sondern in der so genannten "Trampfahrt" ohne feste Route und Fahrplan. Trampreedereien gibt es schon seit einer Ewigkeit. Im 19. Jahrhundert war es sogar üblich, große Segelschiffe um die halbe Welt "trampen" zu lassen, wie es Jean Randier über „die großen französischen Frachtsegler" beschreibt: "Mit englischer Kohle von Europa nach Chile und mit Salpeter zurück; mit Industrieausrüstungen nach der Westküste der USA und mit Schnittholz zurück; in Ballast nach Neukaledonien und mit Nickelerz zurück; schließlich die australische Weizenfahrt; gelegentlich auch Trampreisen von über einem Jahr rund um die Erde."

FRANK W tingelt allerdings im überschaubaren Fahrtgebiet zwischen Nord- und Ostsee hin und her, läuft dabei unterschiedliche Häfen und Ladeplätze an, je nachdem, wohin sie vom Charterer und Befrachter, der niederländischen "königlichen" Reederei WAGENBORG dirigiert wird. In den letzten drei Monaten steuerte FRANK W Stettin, Kotka, Hamina, Viborg, Silloth, Delfzijl, Inkoo, Terneuzen, Antwerpen, Rauma, La Rochelle und Gaevle an - nicht wirklich Orte, deren genaue geographische Lage man kennen würde. Es sind aber diese kleinen Häfen und die durch längere Lade- und Liegezeiten möglichen Landgänge, die Schiffe wie FRANK W für Frachtschiffreisefans attraktiv machen.

Just hatte er Order aus Delfzijl, dem "head office" von WAGENBORG, sich auf Reede vor Rotterdam zu begeben und abzuwarten, erzählt Kapitän Lüdtke. Denn in Rotterdam gäbe es immer mal wieder Ladung, mehr als anderswo. Doch im Sturmtief der Nordsee wurde es ziemlich ungemütlich, dem jungen 1. Offizier Georgi Stavrev (31) aus Bulgarien sei von der Schaukelei schon ganz schlecht geworden und da habe er sich lieber in den Schutz der englischen Küste begeben, schmunzelt Lüdtke. Lange ausharren musste er dort nicht, denn als Großreederei mit fast 200 Schiffen unter Vertrag kann WAGENBORG im hart umkämpften Markt um Fracht mithalten, flexibel reagieren, Chancen nutzen, Schiffe umdirigieren. Bei kaum auskömmlichen Frachtraten haben Einzelkämpfer heutzutage eh keine Chance mehr. Zusammenschließen, Pools bilden, Erlöse aufteilen - das ist die Überlebensstrategie in Zeiten der großen, nicht enden wollenden Schifffahrtskrise. Auch die Reederei Wieczorek weiß ein Lied davon zu singen und arbeitet exklusiv für WAGENBORG. FRANK W jedenfalls hat 3.000 Tonnen Zellulose aus Brasilien im Laderaum, die von Vlissingen zu den Papiermühlen in Oulu geschippert werden sollen. Bei strahlendem Sonnenschein, ruhigem Wetter und gemütlichen zehn Knoten Fahrt liegen vier beschauliche Tage Überfahrt vor uns.

Meine Kammer ist die ungenutzte für einen 2. Offizier. Denn den gibt es gar nicht an Bord, weil Kapitän Lüdtke und Chief Officer Stavrev sich im Zweiwach-System auf der Brücke ablösen. Sechs Stunden Wache, sechs Stunden frei für Essen und Schlaf, sechs Stunden Wache: so geht das tagein, tagaus. Monatelang. "Katzenwache" (18 bis 24 Uhr) - "Hundewache" (0 bis 6 Uhr) - "Katzenwache" (6 bis 12 Uhr) - "Hundewache (12 bis 18 Uhr)" und wieder von vorn. Nichts für mich, ich habe schon genug Probleme, überhaupt in den Schlaf zu kommen. Bis auf die des Kapitäns liegen die Kammern nämlich zur Hälfte unterhalb der Wasserlinie, so dass die Bullaugen nicht zu öffnen sind und man der Klimaanlage gnadenlos ausgeliefert ist. Und der hat noch niemand Bescheid gesagt, dass jetzt Sommer ist. Angestellt, verpustet sie unentwegt lauwarme Luft. Da werden die Türen zum Flur eben offen gelassen oder nur angelehnt, damit etwas Durchzug entsteht. Oder einer von der Crew öffnet kurzerhand eine Deckenluke über dem Korridor. Ein Königreich für kalte Frischluft!

Nach ein paar Tagen hat der schmächtige Chefingenieur Ludwig Hussak (65) auch die Klimaanlage im Griff. Erst seit Kurzem an Bord, kämpft er seinen einsamen Kampf im Maschinenraum. Mal will er Filter einbauen, die ohne Dichtung geliefert wurden. Mal ist er auf der Suche nach ein paar Tonnen Diesel im System und findet sie nicht. Mal holt ihn die laut pfeifende Warnanlage nachts gleich mehrfach aus dem Schlaf, weil wieder irgendetwas unrund läuft. Dann setzt er seine ""Mickymäuse" (Ohrschützer) auf und verschwindet Bauch des Schiffes. Jeder freie Quadratzentimeter in seiner Kammer ist belegt mit irgendwelchen technischen Plänen, aufgeschlagener Fachliteratur, Aktenordnern mit Reports. Der aus Polen stammende Einzelkämpfer wirkt übermüdet, ist dennoch überraschend gut gelaunt, erzählt gerne und freut sich, dass er auf der FRANK W noch Mal anheuern konnte, nachdem ihn sein letzter Reeder "in Rente" geschickt hat. Ludwig Hussak gehört wohl zu jenen Seeleuten, die von der Seefahrt, diesem oft genug trügerischen Gefühl von Freiheit und Unabhängigkeit, einfach nicht lassen können. Der Freiheitsgeist wird es auch gewesen sein, der ihn zur Zeit des in den 80er Jahren von Wojciech Jaruzelski in Polen verhängten Kriegsrechts hat in den Westen fliehen lassen. Nun besitzt der Wahlhamburger die deutsche Staatsbürgerschaft.

In meiner Koje liegend habe ich durch das Bullauge Wellen, Gischt, Wasserlinie und Horizont immer im Blick. Weil FRANK W nur zehn Knoten läuft (das sind etwa 18 km/h) zieht ab und zu ein anderes Schiff an uns vorbei; andere kommen uns entgegen - man muss nur lange genug liegen und Geduld haben! Bei Seegang schwappt das Wasser gegen die Scheibe, verwirbelt und gurgelt wie aus einem kleinen Tunnel wieder davon. Und das mit der Regelmäßigkeit des sich auf und ab wiegenden Schiffes:

schwipp, schwapp, gurgel. Pause. Schwipp, schwapp, gurgel. Pause. Beim Beobachten dieser Waschmaschine weiß ich eins ganz genau: das ist keine Flatscreen-Animation wie in den Innenkabinen eines Kreuzfahrtschiffes, wo mir nur vorgegaukelt wird, den Elementen nahe zu sein. Hier bin ich ihnen sogar verdammt nah! Für draußen an Deck hat der nette Herr Hussak mir einen Plastikstuhl organisiert, den ich hinschleppe, wo ich gerne sitzen und gucken oder lesen möchte. Das Umrunden der FRANK W auf der Gangbord dauert nur ein paar Minuten, rauf auf die Brücke sind es nur zwei Stockwerke. Ich bin also in einem sehr überschaubaren Mikrokosmos gelandet, nicht viel größer als ein "Kümo", ein Küstenmotorschiff.

Für Crew und Offiziere gibt es eine gemeinsame Messe, denn die Besatzung besteht nur aus sechs Personen: Kapitän, Chefingenieur, 1. Offizier, Koch und zwei Matrosen. Und Frederick (26), der ein ganzes Jahr an Bord bleiben muss, nachdem er sein Studium an der Seefahrtschule von Accra beendet hat. Seine drei Landsleute aus Ghana - Koch Victor Ossom (54), Bootsmann James Awotwe(35) und Matrose Albert Duku (39) - tuscheln, der junge Kadett habe schrecklich Heimweh und zweifeln, ob die Seefahrerei wohl wirklich das Richtige für ihn sei. Dabei trägt hier jeder sein Päckchen, hat jeder ein Problem, mit dem er irgendwie fertig werden muss: James soll dieser Tage das zweite Mal Vater werden, doch Kontakt zur Familie in Ghana hat er auf hoher See nicht. Albert, der sich mir Passagier lachend mit er hieße "Arbeit" vorstellt, ist immer noch solo und findet das gar nicht charmant. Offizier Georgi weiß ganz sicher: er bleibt nur für eine kurze Zeit von vier Monaten an Bord, denn zur Erlangung eines Kapitänspatentes müsste er eigentlich auf einem größeren Schiff anheuern. Und Victor, der seit zwanzig Jahren als Smutje in der Kombüse steht, ist ganz frisch auf der FRANK W, spricht nicht viel, bereitet aber super Rindsrouladen, Spaghetti Bolognese oder Linseneintopf. Eine ziemlich bunt zusammen gewürfelte Mannschaft ist da unterwegs.

Auch Kapitän Hans-Michael Lüdtke gibt auf dem Schiff nur ein Stelldichein: vier Jahre lang ist der frühere Kapitänsreeder mit eigenem

Schiff gar nicht zur See gefahren. Nun muss der in Australien lebende Schleswig-Holsteiner auf die Brücke, um sein Patent zu verlängern, heuerte nur aus diesem Grund bei seinem alten Kumpel und Reeder Andre Wieczorek an und schimpft bei jeder passenden Gelegenheit mit einer gehörigen Portion Sarkasmus über die Masse an wuchernder Bürokratie, zu der Seefahrt inzwischen degeneriert sei. Frage ich ihn nach dem "Warum und wozu?" zu irgendeinem Dokument, einem Report, einer Aufstellung, einer Regelung, platzt es aus ihm heraus: "Weiß ich doch nicht!" Ich lerne, dass dies übersetzt heißt: "überflüssiger Schwachsinn, reine Schikane". Irgendwann donnert er mir einen prall gefüllten Aktenordner mit Dutzenden von Papieren auf Hunderten von Seiten hin, fordert mich schelmisch auf, ich könne mir das alles mal sorgfältig durchlesen. Zeit genug hätte ich ja. Und vielleicht würde ich das ja verstehen. Im Übrigen seien das nur die Papiere für die Hafenbehörden, von denen jede andere Unterlagen anfordern würde, noch nicht Mal in Deutschland sei das einheitlich geregelt.

Dann wirft er grummelnd einen Blick auf seine elektronische Seekarte und erläutert, dass auch auf hoher See die Regel "rechts vor links" gelten würde, erklärt mir die Funktionstasten. Später erhalte ich eine Lektion in Schiffbau, da ist er ganz in seinem Element, lerne den Unterschied zwischen "Festigkeit" und "Stabilität", zwischen "Formschwerpunkt" und "Masseschwerpunkt" kennen und dass die Differenz bei einem beladenen Schiff mindestens 15 Zentimeter betragen müsse. Bei FRANK W seien es aktuell 21 Zentimeter. Na also, Herr Kapitän, geht doch, "Dankeschön"!

Eineinhalb Tage dauert das Löschen und Beladen in Oulu, der nördlichsten Großstadt Europas mit Universität und 17.000 Studenten, NOKIA und dem jährlich stattfindenden "Luftgitarren-Wettbewerb". Genügend Zeit für einen ausgedehnten Stadtbummel, den ich jedoch rechtzeitig beende, um den komplett entleerten Laderaum von FRANK W zu "besichtigen". Hier unten im Bauch des Bulkers, zu erreichen über zwei schmierige Stiegen und eine winzige Luke, wirkt FRANK W gar nicht mehr so klein und man bekommt eine Vorstellung von den gewaltigen Dimensionen anderer Schiffe, die das Zehnfache und mehr laden können. Während die Crew den Laderaum mit Besen säubert, also "klar Schiff" macht, schweben schon die ersten zweitausend Kilogramm schweren Bündel mit je sechs Ballen Zellulose wieder heran und werden punktgenau platziert. 1.500 solcher "Sixpacks" zur Verschiffung nach Brake an der Unterweser müssen jetzt an Bord, bevor es für FRANK W wieder "Leinen los" heißt.

Bis dahin hat die Crew reichlich zu tun: Sehr zu seinem Verdruss hat Georgi Stavrev die undankbare Aufgabe, während des gesamten Ladevorgangs bei jedem Paket akribisch in einer Liste zu vermerken, ob es beschädigt oder verschmutzt an Bord gelangt. Warum wir erst 3.000 Tonnen Zellulose hierher gebracht haben und nun 3.000 Tonnen Zellulose wieder mitnehmen, ist ihm auch ziemlich wurscht. Albert und James sind erstmal mit Malerarbeiten am Rumpf des weit aus dem Wasser ragenden Schiffes beschäftigt. Hier, im Hafen von Oulu dürfen sie das. In deutschen Häfen sind derartige Malerarbeiten untersagt. Kadett Frederick ist zu Schwerstarbeit im Maschinenraum abkommandiert, wo er Ingenieur Ludwig Hussak helfen soll. Dann müssen zwischen die Zellulose-Pakete noch spezielle Papier-Airbags gestopft werden, damit die Ladung nicht verrutscht und die Trimmlage des Schiffes beibehalten wird. Solange die FRANK W hoch im Wasser liegt, erkennt man auch deutlich die Einbeulungen vorne am Bug, wo sie im Winter vom "Schwalbenschwanz" eines Eisbrechers "auf den Haken genommen" werden musste - trotz Eisklasse.

Und was macht Kapitän Lüdtke? Er bereitet mal wieder Papiere vor: für die Reederei, für den Charterer, für die NOK-Durchfahrt, für die

Hafenbehörden in Brake, für Agenten und Disponenten, für das Wasser- und Schifffahrtsamt in Wilhelmshaven. Da gibt es den "Daily Report", den "Daily Report in Port", den "Arrival Report" und den "Departure Report", einen "Completion of voyage Report" und den auszufüllenden "Fuel consumption Report". Da müssen die Bordkasse abgerechnet, die Energieeffizienz errechnet und Überstundenzettel ausgefüllt werden. Es gibt Wartungsberichte, Umweltberichte, Schadensberichte. Usw. usf. Gleichwohl: Als wir wieder unterwegs sind irgendwo im dicksten Nebel des Bottnischen Meerbusens und mit heftiger Dünung, bekommt Lüdtke sogar gute Laune: "Na, jetzt wollen wir mal das Wochenende einläuten." Es ist zwar mitten in der Woche, aber da er sämtliche der verhassten Formalitäten vorbereitet und zum Teil abgeschickt und erledigt hat, ist es für Herrn Kapitän jetzt eben Wochenende. Doch dieses herrliche Gefühl währt nur bis zum anderen Morgen um 08.35 Uhr, als eine WAGENBORG-Order das Schiff umleitet. Über Nacht war ein Drittel der "woodpulp"-Ladung verkauft worden und soll nun nach Klaipeda in Litauen gebracht werden. "Good Morning Cpt.", beginnt die Mail höflich und fast entschuldigend weiter: "Nothing is as unpredictable as shipping". So ist es eben in der Trampschifffahrt: nichts ist wirklich berechenbar.

Lüdtke muss also umdisponieren, berechnet den neuen Kurs, nimmt Kontakt zum Agenten in Klaipeda auf, informiert die Crew, sorgt sich, ob er überhaupt einen freien Liegeplatz bekommt, wenn er in 43 Stunden dort ankommt. Arbeitet eins nach dem anderen ab, was die da in Litauen so von ihm vorgelegt bekommen wollen: Crewliste in sechsfacher Ausfertigung ("können die das nicht selbst kopieren?" schimpft Lüdtke), Zollangaben der Crew in zweifacher Ausfertigung, Warenauflistung des Bord"store"s zweifach, Seemannsbücher, Pässe, Gesundheitsattest ("vom Schiffsarzt unterschrieben, so ein Schwachsinn!" grantelt Lüdtke), Sicherheitszertifikate, "ship particulars", also Angaben zum Schiff ("aber welche denn?") - ein halber Schuhkarton voller Papiere. Zu guter Letzt legt Lüdtke noch die mit Dienststempel und zwei Unterschriften versehene Bescheinigung aus Oulu bei, dass er dort 0,2 Kubikmeter Plastik ordnungsgemäß entsorgt hat ("Garbage Disposal List"). Irgendwas würde trotzdem garantiert fehlen, prophezeit er - zum Beispiel eine gesonderte

"Passagierliste", hatte er mich doch einfach mit auf die Crewliste gesetzt. Auf "diese Russen" in Klaipeda ist Lüdtke sowieso nicht gut zu sprechen, weil sie ihn vor vielen Jahren bei schwerem Sturm mal haben hängen lassen. So dampfen wir schlecht gelaunt nach Klaipeda, den einzigen Hafen des seit 1991 unabhängigen Litauens.

Doch, wer hätte das gedacht, zwei Tage später geht ein ausgesucht freundlicher Lotse an Bord, der uns die Schönheiten der Region erläutert, während wir das vierzehn Kilometer lange Hafenareal in langer, beeindruckender Revierfahrt passieren. Agenten und Behörden sind pünktlich, zuvorkommend und zügig beim Abwickeln der Formalitäten und auch das Löschen geht ruckzuck und planmäßig. Schon nach wenigen Stunden kann Albert die Lukendeckel mit dem bordeigenen Portalkran wieder verschließen. Zu Lüdtkes gespielter Verwunderung muss im EU-Land Litauen auch keine Flasche Wodka über den Tisch geschoben werden, um die erforderlichen Stempel, Papiere und Genehmigungen zu erhalten. Nur eins fehlte tatsächlich: eine Passagierliste!

Als ich nach zehntägiger Reise an der Schleuse Kiel-Holtenau das Schiff verlasse, will keiner meinen Reisepass sehen, niemand kontrolliert das Elektroauto, das mich mitnimmt, freundlich lässt der Pförtner die Schranke hoch ohne dass ich auch nur ein einziges Dokument vorzeigen müsste. Mich befällt ein eigenartiges Gefühl von Freiheit: ich bin wieder an Land! Hier löse ich auch das Zellulose-Rätsel: Auf der Hinfahrt hatten wir kurzfaserige Laubholz-Zellulose für glattes Papier geladen, auf der Rückfahrt langfaserige aus Nadelholz.

GUTE REISE UND TEU, TEU, TEU - UNTERWEGS MIT EINEM CONTAINERBOLIDEN

Noch breiter, noch größer, noch mehr Stellplätze: Der Gigantismus in der Containerschifffahrt nimmt kein Ende. Auch die CMA CGM ALEXANDER VON HUMBOLDT beanspruchte schon den Titel des "größten Containerschiffes der Welt", musste ihn jedoch bald wieder abtreten. Der

16.020-TEU-Pott bietet gleichwohl Exklusives, denn er nimmt Passagiere mit auf große Fahrt.

Hamburg, Containerterminal Burchardkai, Liegeplätze 5 und 6: dem Shuttlebus entstiegen, abgesetzt vor einer monströsen Wand aus Stahl. Den Kopf im Nacken wie in der ersten Kinoreihe, die Blicke nach oben, nach rechts, nach links. Zu sehen: nur Schiff, bannig viel Schiff, denn hier hat ein schwimmender Koloss festgemacht. Irgendwo da oben, über dem aufgemalten überdimensionalen "G" und in luftiger Höhe liegt das Oberdeck. Dort hinauf? Ja, dort hinauf! Die nicht enden wollende fünfunddreißig Meter lange Gangway scheppert und schwingt mit jedem Fußtritt. Runtergucken? Jetzt besser nicht. Oben angekommen, ist das erste kleine Abenteuer überstanden. Freundliches Grinsen der Gangwaywache, Eintrag ins Logbuch, Unterschrift, Ablieferung des Reisepasses. Willkommen an Bord der CMA CGM ALEXANDER VON HUMBOLDT!

Hier am Burchardkai wurde das Schiff am 30. Mai 2013 auf den Namen des berühmten deutschen Forschungsreisenden, der 1790/91 sogar an einer Hamburger Handelsakademie studierte, getauft. CMA CGM, drittgrößte Reederei der Welt mit Sitz in Marseille und in 165 Ländern der Welt vertreten, hatte zum Ereignis Ehrengäste mit Rang und Namen geladen, spendierte den Hamburgern ein fulminantes Feuerwerk und Globetrottern auf der Suche nach Außergewöhnlichem: fünf Passagierkabinen. Denn mit Stellplätzen für 16.020 Standardcontainer (TEU= "Twentyfoot Equivalent Unit") war die ALEXANDER VON HUMBOLDT gemeinsam mit ihren baugleichen Schwesterschiffen MARCO POLO und JULES VERNE zu diesem Zeitpunkt das größte Containerschiff der Welt. Inzwischen sind zwar Megafrachter mit 18.000, 19.000, demnächst über 20.000 TEU in Fahrt - aber eben ohne Mitreisemöglichkeit. Und so könnten Passagiere "auf einem wahren Giganten der Meere eine einzigartige Erfahrung machen", so die Reederei mit einer Flotte von 468 Schiffen. Auch auf der MARCO POLO würden Touristen "Ozeane und Kontinente im Herzschlag des internationalen Handels entdecken und das alltägliche Leben der Crew teilen".

Das wollen auch Beatrice und Markus aus Bern. Die beiden Schweizer Weltenbummler lieben das Extreme, fuhren schon mit dem Motorrad quer durch Afrika und Neuseeland, Markus mit dem Fahrrad zum Nordkap hin und nach Gibraltar zurück. Nach einigen Reisen auf Frachtschiffen haben sie sich nun gezielt die ALEXANDER VON HUMBOLDT ausgesucht, getreu dem Motto "je größer, um so besser", grinst Beatrice. "Und noch größer geht ja nicht." Am Tag vor der Einschiffung haben sie ihr Feriendomizil schon mal bei einer Dicke Pötte-Hafenrundfahrt inspiziert, abgelichtet und die Hälse gereckt. An Bord gehen die Blicke nun ganz tief nach unten zu den Barkassen, die regelmäßig vorbei kommen. "Wahnsinn", entfährt es Markus, "wie im Miniatur-Wunderland."

Zwei Tage liegt das Schiff im geschützten Hafenbecken von Waltershof, nachdem es bei seiner Ankunft zunächst mit einem nautisch diffizilen Manöver und in einem mehr als knapp bemessenen Zeitfenster mitten auf der Elbe gedreht und schließlich rückwärts "eingeparkt" werden musste. Pausenlos schweben seitdem die bunten Blechboxen hin und her. Zum Einsatz kommen dabei sechs neu beschaffte Tandem-Containerbrücken, deren gewaltige Ausleger von 74 Metern das Schiff überspannen können und für die eigens die beiden vom Schiff benötigten Liegeplätze auf 595 Metern Länge um zehn Meter "vorgeschuht" werden mussten, um die drückende Auflagenlast solcher Brücken überhaupt tragen zu können. Bei diesem Besuch in der Hansestadt werden 2.695 Container gelöscht und 1.846 Container geladen, dann geht es kurz nach Mitternacht und mit der Flut die Elbe, wo einst Namensgeber von Humboldt Wellenmessungen vornahm, abwärts Richtung Nordsee.

Auf der Revierfahrt verklart ein gesprächiger Lotse den Passagieren aus Sicht eines Nautikers die Dimension Schifffahrt, die sie nun miterleben können. Einen Kilometer vorauslaufen würde die vom Schiff ausgelöste Bugwelle, das Begegnen mit einem anderen Schiff dieser Größe sei jetzt nicht möglich und der Bremsweg betrage mehrere Kilometer. Wolle ein kleines Feederschiff überholen, würde es vom Sog des sich durch die Elbe wälzenden Hünen aus Stahl regelrecht angesaugt und unweigerlich ins Trudeln geraten. Es sei denn, das Schiff würde seine Geschwindigkeit drosseln. Aber doch nicht wegen eines kleinen Zubringerschiffes! So wird klar, dass in dieser Nacht der Respekt einflößende Boss auf der Elbe "Alexander" heißt.

Unterwegs mit einem Superfrachter, einem Containerboliden, einem - so der Fachterminus - "ULCS" (Ultra Large Container Ship): CMA CGM ALEXANDER VON HUMBOLDT ist 396 Meter lang und damit 36 Meter länger als die beiden größten Kreuzfahrtschiffe der Welt ALLURE OF THE SEAS und OASIS OF THE SEAS der Reederei Royal Caribbean. Mit 53,6 Metern und damit fast so breit wie das Brandenburger Tor entspricht das der Größe von vier Fußballfeldern. Aufrecht hingestellt, würde das Schiff den Eiffelturm, den Kölner Dom oder das Empire State Building überragen. Es könnte mit 327 Airbus A 380-Jets zu je 570 Tonnen beladen werden und dabei 16 Meter tief ins Wasser eintauchen. Oder eben mit 16.020 TEU Containern, die hintereinander gereiht eine Strecke von Hamburg bis Kiel ergeben würden und in die - theoretisch - 192 Millionen Jeans gepackt werden könnten.

Sogar die Unterbringung der Passagiere erfolgt im XXL-Format. Die Appartements - hier wie in der Seefahrt üblich von "Kammern" zu sprechen wäre lächerlich - sind zwischen 25 und 39 Quadratmeter groß und auf dem zweitobersten F-Deck untergebracht. Betreut von einem Steward verfügen sie über große Doppelbetten, Dusche und WC, einen Schreibtisch, Kühlschrank, Couch, Salontisch und Sitzecke. Nur bei viel Ladung kann auch schon mal die Sicht nach vorne verstellt sein, ansonsten gewähren die Kabinen grandiose Blicke auf Vorschiff und Meer wie von einem Aussichtsturm. Und ruhig ist es, erstaunlich ruhig. Das liegt nicht nur daran, dass sich die Fenster schalldicht verschließen lassen, sondern an der besonderen neuartigen Konstruktion dieser Megaliner: Getrennt voneinander befindet sich das Deckshaus mit der Brücke im vorderen und die Motoren nebst Schornstein im hinteren Drittel des Schiffes, sind also voneinander getrennt. So ist das typische ewige Wummern der Maschine kaum wahrnehmbar. Der Grund ist, dass so mehr Container gestapelt werden können bei Einhaltung des vorgeschriebenen Sichtstrahls von 500 Metern voraus.

Passagieren steht darüber hinaus ein Aufenthaltsraum ("Lounge") mit Fernseher und CD-Player zur Verfügung, außerdem eine Mini-Bibliothek, ein Fitnessraum und ein Mini-Swimmingpool auf dem A-Deck, das bei warmen Temperaturen mit Meerwasser gefüllt wird. Sogar Internetnutzung gegen Entgelt ist möglich. Gegessen wird in der Offiziersmesse: abwechslungsreich zubereitet vom philippinischen Koch TimTim Edgar (49), jeden Tag vornehm mit Menukarte serviert vom "Messboy" Robas Jayson (31) und einem Viertel Liter Rotwein am Abend nur für Passagiere (ansonsten herrscht absolutes Alkoholverbot an Bord). Natürlich wird auf dem Schiff einer französischen Reederei Bordeauxwein kredenzt. Ansonsten ist auf dem Schiff allerdings so gar nichts französisch. Außer, dass nun ausgerechnet die so genannten "Rattenteller" (sie werden zum Schutz gegen diese unliebsamen Gäste auf die Festmachertaue gesteckt) in den Farben der Trikolore bemalt sind. Werk eines Scherzboldes? Das Schiff jedenfalls fährt unter der Flagge Großbritanniens, Heimathafen ist London, Bordsprache Englisch und die Besatzung stammt aus Kroatien und von den Philippinen.

Kapitän Slavko Malsic (58) aus dem kroatischen KuK-Städtchen Opatija ("Sagen Sie einfach Kapitän zu mir.") ist auf dem Weg nach Rotterdam allerbester Laune. Noch drei Häfen, dann endet seine Zeit an Bord erstmal wieder. Sein Nachfolger und Landsmann Cvijeto Vukic (55) hat sich schon in Hamburg eingeschifft, da kann nichts mehr schiefgehen. Als 1. Offizier angefangen habe er auf einem 750-TEU-Schiff, erzählt Malsic. "Also auf einer Luftmatratze" fügt er schmunzelnd hinzu. Und sein nächster Job würde ihn nach China führen, wo er für die Reederei einen noch größeren

Frachter von der Bauwerft abholen würde, einen mit 18.000 TEU Ladekapazität. Da schwingt berechtigter Stolz mit, es zum verantwortungsvollen Kommando auf solch einem Giganten gebracht zu haben. Elf Wochen Pause warten auf den motorradbegeisterten Kroaten, exakt so lange, wie die auf der "French Asia Line 1" eingesetzten Schiffe für einen Rundkurs, der elf Länder miteinander verbindet, benötigen.

Während dem Kapitän wichtig ist, bequem so stets in Europa vom und auf das Schiff wechseln zu können, betont seine Reederei, dass FAL 1 der weltweit längste "Loop" sei und spricht selbst von einem "symbolträchtigen" Liniendienst, auf dem CMA CGM die größten Schiffe ihrer Flotte einsetzt, auch die der nächsten Generation. Schon wieder ein Superlativ. Auf dem Hinweg aus Asien transportiert das Schiff vor allem Konsumgüter für die europäischen Verbraucher, von Computern und Elektrotechnik über Kleidung bis hin zu Spielzeug und Haushaltswaren. Auf dem Rückweg sind die Schiffe weniger ausgelastet und bringen Autoteile, Maschinen und andere Investitionsgüter nach Asien.

Wer genügend Zeit und Geld hat, kann als Passagier für eine komplette Rotation an Bord gehen. Ab Hamburg verläuft die Route über die Häfen Rotterdam (Niederlande), Zeebrugge (Belgien), Le Havre (Frankreich), Malta Freeport (Malta), Khor Al Fakkan (Vereinigte Arabische Emirate), Jebel Ali (Dubai), Ningbo, Shanghai, Xiamen, Hong Kong, Chiwan, Yantian (alle China), Port Kelang (Malaysia), Tanger (Marokko), Southampton (Großbritannien) und schließlich wieder Hamburg. Aber auch Teilstrecken sind buchbar. Fährt man etwa von Hamburg nach Hong Kong, dauert das

48 Tage, von Hamburg nach Malta - die Passage ist nach Auskunft der Vermittlungsagenturen die mit Abstand am meisten nachgefragte - kommt man in 12 Tagen. Die Zeit reicht allemal, um die faszinierende Welt hektischer Containerterminals, interessante Revierfahrten wie die durch die Meerenge von Gibraltar mit Delphinen und Walen, aber auch das Alleinsein auf weiter See, schwierige nautische Manöver und schließlich den stressreichen Arbeitsalltag der Seeleute an Bord kennen zu lernen.

So macht die ALEXANDER VON HUMBOLDT in Rotterdam am hypermodernen, fast voll automatisierten EUROMAX-Terminal fest, wo Lade- und Löschvorgang wie von Geisterhand erfolgt. Im engen Hafen von Zeebrügge wird das Schiff unter Kontrolle von zwei Kapitänen, zwei Lotsen und drei weiteren Nautikern auf der Brücke wie ein rohes Dinosaurierei um 90 Grad gedreht - stundenlange Zentimeterarbeit mit Unterstützung von gleich drei Schleppern. Von der abgedunkelten Brücke, auf der nur die Befehle an den Steuermann und dessen monotone Befehls-Wiederholung die knisternde Stimmung unterbrechen, sieht das so aus, als würde der Containerriese das gegenüber liegende edle Kreuzfahrtschiff MS VENTURA jeden Augenblick touchieren. Spannung pur. In Le Havre wird das Schiff mit 3.000 Tonnen Treibstoff betankt. Allein dieses "Bunkern" mit Schläuchen groß wie Pipelines dauert über sechs Stunden, während auf der gegenüberliegenden Mole ein Bus Schaulustiger nach dem anderen vorfährt. Passagiere genießen das Treiben wie von einem schwimmenden Aussichtsturm oder aus einem tief fliegenden Hubschrauber, denn ihre Logenplätze auf Brücke und Brückenausleger (die "Nocks") befinden sich in über 50 Meter Höhe über dem Wasserspiegel - an den Terminals in Augenhöhe mit den Brückenfahrern in ihren Kanzeln. Zum Vergleich: Die Hamburger Köhlbrandbrücke könnte die ALEXANDER VON HUMBOLDT nicht unterqueren - zu niedrig.

Während die europäischen Häfen angelaufen werden, geht es auf dem Schiff zu wie in einem Taubenschlag. In Hamburg kommt ein aus Marseille eingeflogener Spezialist für die Nautik-Software an Bord, in Rotterdam gleich noch einer. "Keine Bange", beruhigt der Kapitän, es würden lediglich ein paar "Upgrades" auf die Rechner gespielt. Auf der Passage zwischen Rotterdam und Le Havre beehren Inspektoren der Klassifizierungsgesellschaft Bureau Veritas (eine Art Schiffs-"TÜV") das Schiff und überprüfen mit strenger Miene sämtliche Sicherheitseinrichtungen - von den Rauchmeldern bis zu den Rettungswesten. "Alles okay", freut sich Sicherheitsoffizier Metrio Cesar (39), auch wenn das ständige Ertönen des Alarmsignals ziemlich nervte. In Le Havre kommt ein Geistlicher der Seemannsmission an Bord, um schließlich etwas resigniert festzustellen, dass die Crew entweder arbeiten oder schlafen müsse und kein Interesse an seinen mitgebrachten USB-Sticks hätte. Bleibt das Gespräch mit dem Koch und einem Passagier. In Malta wird das Schiff von einer Gruppe Studierender aus Paris besichtigt, Techniker, Agenten, Beamte vom Zoll kommen und gehen. So sind bisweilen zusammen mit den 26 ständigen Besatzungsmitgliedern, zwei Kadetten und den vier Passagieren über dreißig Menschen auf dem Schiff. Nicht zu vergessen die Lotsen: vom Ablegen in Hamburg bis zum Festmachen auf Malta beraten insgesamt 17 Lotsen die Offiziere, damit das wertvolle Schiff mit seiner wertvollerer Ladung, zusammen mehrere Hundert Millionen Euro, sicher manövriert wird.

Auch wenn Passagiere beim Einschiffen auf einem Frachter eine komplett animationsfreie Zone betreten: langweilig wird es also nicht. Sogar eine der bei Seeleuten so beliebten Barbecue-Parties wird irgendwo im Mittelmeer ausgerichtet, ein Spanferkel am offenen Feuer stundenlang gegrillt - allerdings ohne das obligatorische Karaoke-Singen. Kurz vor Malta lädt dann auch noch "Chief" Vitomir Cukrov (55) zum Besuch in sein

Reich, in das man nur durch einen endlos langen Tunnel unterhalb der Containerberge gelangt. Der Kroate ist Herr des Maschinenraums. Natürlich ist der so groß wie eine Konzerthalle und ohne Ohrschutz darf hier auch niemand den Kontrollraum dort hinein verlassen. Hier hämmert dumpf und phonstark wie in einem Hardrockcafe das Herz des Schiffes, ein Wärtsilä Zweitakt-Dieselmotor mit 108.000 PS. Seine Schubleistung von zehn Airbus A 380 kann den Megafrachter 24,1 Knoten schnell vorantreiben (rund 45 km/h) und benötigt dafür 160 Tonnen Schiffsdiesel - pro Tag. Am Ende der Reise von Hamburg nach Malta, das sind 2.749 Seemeilen (rund 5.100 Kilometer), wird die ALEXANDER VON HUMBOLDT 728 Tonnen Treibstoff für Hauptmaschine und Generatoren verbraucht haben, rechnet Cukrov seinen Besuchern vor. Ein Mittelklassewagen wäre damit rund 125.000 Kilometer weit gekommen.

So flößt das Schiff auf Schritt und Tritt Respekt ein. Wenn man die Schiffstaue mit zwei Händen nicht umfassen kann, wenn selbst zu zweit das Anheben eines einzigen Gliedes von einer der beiden Ankerketten (jede wiegt 309 Tonnen und ist 385 Meter lang) unmöglich ist, wenn allein der Schornstein die Größe eines Mehrfamilienhauses hat, haben die Passagiere mit den eigenen Sinnen längst realisiert, dass sie auf einem majestätischen Schiff gelandet sind. Und wenn die nächst größeren noch Mal drei Meter länger und drei Meter breiter sind, was macht das schon?

Am Tag, nachdem die Passagiere herzlich verabschiedet in Malta von Bord von Bord gegangen sind, macht sich die ALEXANDER VON HUMBOLDT auf ihren weiten Weg erst durch den Suezkanal und dann nach Asien - beladen mit 11.464 TEU. Transportieren könnte sie ungleich mehr, denn rund die Hälfte davon sind Leercontainer. Ihre Gäste werden noch lange von einer nachhaltigen und unvergessenen Reise zehren. Und vom Besuch in einem anderen Kosmos zu erzählen haben, wie Markus aus Bern, der seine Bilanz so zusammenfasst: "Zu Hause sage ich, dass ich auf dem größten Containerschiff der Welt war."

Angemerkt sei zum Schluss, dass Alexander von Humboldt, der auch als Vordenker der Meereswissenschaften gilt und schon Expeditionsschiffen, berühmten Großseglern und einem Saugbagger seinen Namen verlieh, zwar rund 16.000 Seemeilen über zwei Ozeane reiste. Aber nicht einen einzigen Ort der Reiseroute des nach ihm benannten Schiffes je besucht hat - außer Hamburg.

MEHR NACHFRAGE ALS ANGEBOT: FRACHTSCHIFFREISEN – EIN NISCHENMARKT

Für Ökonomen, Tourismusforscher und Statistiker firmiert der Frachtschiffreise-Markt eher unter „ferner liefen", weil uninteressant, zu klein und quasi bedeutungslos. Eine im milliardenschweren Tourismussektor zu vernachlässigende Größe also. Schwer genug ist es deshalb, ein paar verlässliche und belastbare Daten zu bekommen. An der Fachhochschule in Kempten zum Beispiel lehrt Professor Dr. Axel Schulz seit 1995 das Fach „Tourismusmanagement" und hat zusammen mit Koautor Josef Auer einen 400 Seiten schweren Band zum Thema „Kreuzfahrten und Schiffsverkehr im Tourismus" verfasst. Ganze sieben Seiten dieses opulenten Werkes sind dem Thema „Frachtschiffreisen" gewidmet. Wer sie liest, ist nur etwas schlauer.

Wir lernen, dass schon im 17. Jahrhundert die holländische Ostindien-Kompanie gut zahlenden Reisenden Unterkünfte auf ihren Geleonen in eigenen Kabinen anbot, verbunden mit dem Privileg, die Mahlzeiten gemeinsam mit dem Kapitän einnehmen zu dürfen. Ab Mitte des 19. Jahrhunderts gab es solche Offerten auch bei der „Peninsula and Oriental Steam Navigation Companie". Das waren noch die Zeiten, als besonders Abenteuerlustige auf Bananendampfern mitfuhren und ihre Passagen nach dem Motto „Hand gegen Koje" selbst verdienten – eine zwar heute noch existierende und vielfach genutzte Möglichkeit der Kojencharter auf Segelschiffen, aber eine undenkbare Form des Bezahlens auf Frachtschiffen. Nach Ansicht des Tourismusexperten Schulz war das

Reisen auf und mit Frachtschiffen bis in die 50er Jahre hinein durchaus eine „gängige Reiseform", kam dann allerdings wegen des boomenden Flugverkehrs zunächst zum Erliegen.

Hugo Verlomme, der 1993 ein Standardwerk über das „Reisen mit dem Frachtschiff" schrieb und lange vor dem Siegeszug des Internet „123 Routen zu 300 Häfen" auflistete, merkte durchaus kulturkritisch an: „Die Ausbreitung der zivilen Luftfahrt läutete das Ende der Passagierschifffahrt ein. Innerhalb von zwei Generationen stieg alle Welt auf das Flugzeug um. Mit dem Flugzeug kann man in wenigen Stunden beinahe jeden Punkt der Erde erreichen. Aber zu welchem Zweck? Wo liegt die Grenze zwischen dem, was nützlich ist und dem, worauf man verzichten könnte? Heutzutage kann man für immer weniger Geld immer weiter reisen. Ein kurzes Wochenende auf Bali... Ein Mittagesen in Paris, ein Abendessen in Peking... Die Welt liegt griffbereit. Der Planet als Selbstbedienungsladen. Exotische Länder wie Thailand oder Nepal im Zeitraffer. Zum sofortigen Verbrauch bestimmt. Das Flugzeug ist ein fabelhaftes Gerät, aber es hat dem Reisen seinen Reiz genommen und macht den Hin- und Rückflug zur Bedingung."

Neuen Auftrieb erhielt das Reisen auf Frachtschiffen erst wieder durch den Siegeszug der Container. Denn durch die damit verbundene Rationalisierung konnten die Schiffsbesatzungen deutlich verkleinert und ungenutzte Kabinen an Interessierte vergeben werden. In den 80ern begann die Renaissance dieser Reiseform, deren Zielgruppe Schulz und Auer wie folgt beschreiben: Der typische Frachtschiffreisende sei „von Natur aus individuell, flexibel, selbstbewusst, seefest, tolerant und erlebnishungrig", lehne die Annehmlichkeiten einer klassischen Kreuzfahrt wie organisierte Ausflüge, Shoppingmeilen, Bordprogramme, exklusives Essen usw. bewusst ab, sei abenteuerlustig, könne sich selbst gut beschäftigen und wolle summasummarum eine ungewöhnliche und vor allem authentische Seereise. Junge Aussteiger, Abenteuerlustige, Rentner und ehemalige Seeleute bildeten den Großteil der Kundschaft, die im Schnitt deutlich über 50 Jahre alt sei. Hubert Verlomme feierte in seinem Buch die „Wiederkehr der Zeit". Das Reisen auf Frachtschiffen sei reiner

„Selbstzweck": „Auf dem Meer sind Sie gleichzeitig überall und nirgends, außerhalb aller Grenzen. Die See ist das letzte Gebiet, das noch niemandem gehört."

Frachtschiffreisen sind deutsch. Handelt es sich vor allem um deutsche Reeder, deutsche Veranstalter und deutsche Gäste, die den Markt dominieren. Dazu ein paar Daten und Fakten: Nach Erhebungen des „Instituts für Seeverkehrswirtschaft und Logistik" in Bremen gibt es weltweit überhaupt nur 250 Frachtschiffe, die Touristen an Bord nehmen. Die Schiffe sind für mal grade 40 Reedereien auf den Meeren unterwegs und gehören zur Hälfte Reedereien mit Firmensitz in Deutschland. Auf diesen wenigen Schiffen fahren weltweit jährlich ca. 5.000 bis 6.000 Gäste mit – nach einer Erhebung aus dem Jahr 2008 vermittelten allein die vier größten auf Frachtschiffreisen in Deutschland spezialisierten Agenturen den Löwenanteil von 3.150 Reisenden.

Mit den nachfolgenden fünf Interviews wird das Frachtschiffreisen facettenreich beleuchtet. Befragt wurden zum einen der Inhaber einer der größten Spezialagenturen am Markt, ein Kapitän, der jahrelang Passagiere an Bord hatte, ein Wissenschaftler, der mit einer Studie im Rahmen seiner „geographischen Tourismusforschung" dem Phänomen auf die Spur kam, die Marketingchefin einer Reederei und im „Round-table"-Gespräch drei Enthusiasten und Hardcore-Wiederholungstäter.

INTERVIEW MIT LUTZ WOITAS VON DER AGENTUR „ZYLMANN"

Im Interview gibt Lutz Woitas, Inhaber der Frachtschiffreise-Agentur „Kapitän Zylmann" Auskunft über Märkte, Gäste und Reeder sowie über die Widrigkeiten eines Nischen-Reisegeschäftes, das den Turbulenzen der Seefahrt selbst in nichts nachsteht.

Lieber Herr Woitas, wie kommt eine Landratte aus Gifhorn dazu, eine Agentur für Frachtschiffreisen an der Schlei zu übernehmen?

Es war reiner Zufall. Ich war zum Zeitpunkt dieser Entscheidung gerade 14 Jahre im öffentlichen Dienst beschäftigt und stand ein Jahr vor der Unkündbarkeit. Da wurde ich auf die Ausschreibung aufmerksam. Ich war selbst jahrelang Kunde der Firma und auch nicht abgeneigt, mich in dieser Zeit beruflich zu verändern. Und mit Frachtschiffreisen kannte ich mich ja – zumindest aus der Sicht des Passagiers – ganz gut aus.

Wie viele Reisen auf Frachtschiffen haben Sie eigentlich selbst unternommen? Welche würden Sie immer wieder machen, welche nie wieder?

Ich habe zwischen 1986 und heute insgesamt fünfzehn Frachtschiffreisen unternommen, angefangen als Jugendlicher mit einer sechstägigen Schottlandreise bis zu einer vierwöchigen Reise nach Ostasien als Alleinpassagier mit anschließendem Rückflug - mein bisher schönstes Erlebnis auf diesem Gebiet.

Und ihre Fahrt mit der JOHN MITCHELL durch kabbelige See nach Irland, über die Sie auf Ihrer Webseite schreiben: „Ich gebe zu, dass ich auf das Mittagessen verzichtete und stattdessen Kekse und Wasser zu mir nahm. Ehrlich gesagt, ist mir (trotz relativer) Seefestigkeit der Appetit bei diesen Schiffsbewegungen doch vergangen."?

(lacht) Au ja, das war schon heftig. Ich muss das nicht jedes Mal haben: Orkan und sechs Meter hohe Wellen! Ist ja auch zum Glück die Ausnahme. Im Übrigen reagiert jeder Mensch anders. Die einen werden seekrank, die anderen sind vergnügt wie auf dem Rummelplatz.

Fast zwei Million Deutsche haben letztes Jahr Schiffsreisen gebucht. Wie viele davon sind nach Ihrer Einschätzung auf Frachtschiffen mitgefahren? Die kennen Sie doch alle persönlich, oder?

Dazu sind es dann doch zu viele. Als Kapitän Zylmann seine Agentur 1986 gründete, vermittelte er gerade mal 200 Reisen pro Jahr. Nach meiner

Einschätzung unternehmen inzwischen schätzungsweise 4000 Kunden aus Deutschland pro Jahr eine Frachtschiffreise.

Wer ist so verrückt? Beschreiben Sie mal den typischen Frachtschiffreisenden, was zieht jemanden auf ein Schiff mit bunten Blechkisten an Bord?

Die Klientel ist sehr unterschiedlich. Ich selbst bin Idealist, mit der Handelsschifffahrt seit frühester Jugend verbunden und interessiere mich für alles, was mit diesem Thema zu tun hat. Solche Kunden sind aber eher selten. Es sind oft Individualisten mit Hang zur See, Menschen, die sich auf großen Kreuzfahrtschiffen nicht wohlfühlen oder Abenteurer. Viele nutzen die Reise natürlich auch lediglich als Passage von A nach B oder als Möglichkeit, einmal zur Ruhe zu kommen.

Gibt es welche, die sagen „ein Mal und nie wieder!"?

Sehr selten. Wir haben aber sehr viele Kunden, die in größeren Abständen reisen.

Und regelrecht Süchtige, die gibt es doch auch, oder?

Die gibt es auch, einige Stammkunden buchen fast jedes Jahr eine oder auch mehrere Reisen im Jahr.

Ihr Büro hier in Kappeln ist nicht größer als eine Etagenwohnung. Verraten Sie uns, wie viele Mitarbeiterinnen Sie beschäftigen, wie hoch Ihr Umsatz ist und wie viele Villen und Autos Sie besitzen?

Weil wir mit unseren Kunden hauptsächlich per Telefon oder Internet kommunizieren, benötigen wir keine großen Büroräume. Ich beschäftige drei Mitarbeiterinnen, die hier aus Überzeugung arbeiten – reich werden wir alle damit nicht. Aber mit dem Umsatz ist es genauso wie mit den Villen und den Autos – wer damit herumprahlt, hat in Wirklichkeit nichts als Schulden.

Auf dem winzigen Markt für Frachtschiffreisen tummeln sich etliche Anbieter. Wie würden Sie das Verhältnis untereinander beschreiben:

friedliche Koexistenz, knallharter Wettbewerb, kooperatives Miteinander oder wie?

Es hängt von der Marktlage ab, prinzipiell geht es relativ fair zu. Wir kennen uns untereinander, helfen uns gegenseitig und kooperieren. Hinzu kommen noch ein paar „Zubucher". Die buchen dann über uns zu, erhalten dafür eine kleine Provision. Aber die Leute an Bord bringen und wieder runter, das ist dann unser Job.

Gibt es nicht Probleme, wenn mehrere Anbieter dieselben Schiffe auf denselben Routen im Angebot haben?

Probleme gibt es eigentlich nicht, weil viele Reedereien ihre Schiffe mehreren Vermittlern zur Verfügung stellen – meistens in der großen Fahrt. Da die Reisen durchschnittlich länger sind, ist der Aufwand für die Koordination auch nicht sonderlich hoch.

Wie hat sich der Markt in den letzten Jahren entwickelt? Sie selbst haben ja das Unternehmen mitten in der weltweiten Krise übernommen - war das kein Alptraum – lauter aufliegende Schiffe, keine Charter?

Natürlich war das Problem in der Krise 2008/2009, alle Passagiere überhaupt unterzubringen, was aufgrund der Vielzahl von aufliegenden Schiffen und aufgelösten Linienverbindungen nicht immer möglich war. Das hat uns schon manch einen Tropfen Schweiß auf die Stirn getrieben. Wir sind aber mit viel Arbeit, Mühen und vor allem Improvisation durch die Krise gekommen und haben sie heute überwunden.

Ihnen gehört ein Tochterunternehmen in den Niederlanden, Ihre Homepage ist auch in spanischer und englischer Sprache verfasst. Bedienen Sie ein internationales Publikum?

Die meisten unserer Kunden kommen aus Deutschland, aber natürlich haben wir auch Kunden aus aller Welt, viele aus den Beneluxländern und aus Österreich und der Schweiz. Wir arbeiten seit zwei Jahren mit einem spanischen Reisebüro zusammen, in Südeuropa ist es aber eher schwierig, Frachtschiffreisen zu vermitteln.

Und die Zukunft? Wie entwickelt sich der Markt? Nimmt die Nachfrage eher zu oder ab?

Die Nachfrage steigt zum Glück stetig an, wobei natürlich immer wieder bestimmte Reisen besonders stark nachgefragt werden wie Transatlantikpassagen in die USA, Reisen durch den Panama-Kanal und Ostseereisen, hier vor allem die sehr spektakulären Fahrten im Winter durchs Eis.

Woher wissen Sie eigentlich, welches Schiff Touristen mitnimmt? Betreiben Sie Aquise bei den Reedereien?

Ein heikles Thema. Wir könnten für viele Fahrtgebiete wesentlich mehr Schiffe gebrauchen, die Nachfrage ist deutlich größer als das Angebot. Wir verfügen inzwischen über einen sehr großen Pool aus Schiffen, die in Frage kommen. Die Zusammenarbeit mit den Reedereien dieser Schiffe hat sich in 25 Jahren entwickelt und wurde mühsam von Kapitän Zylmann und mir aufgebaut. Natürlich fragen wir auch immer wieder bei neuen Reedereien an, da der Markt ja ständig im Wandel ist. Die Erfolgsquote ist nicht sonderlich hoch. Leider. Ich bedauere das sehr. Aber wir bohren die dicken Bretter und Planken weiter.

Die größte Schwierigkeit ist also, überhaupt Reeder zu finden, die bereit sind, Passagiere an Bord zu nehmen. Woran liegt diese Reserviertheit?

Ich schätze, es sind Vorbehalte gegenüber einer etwaigen Mehrarbeit in der Reederei, oder auch die Befürchtung, dass sich Passagiere in den Bordalltag nicht einfügen können – meistens völlig unbegründet. Manchen Reedereien fehlt leider auch der finanzielle Anreiz. Andererseits ist es für alle Seiten einfach nur schade, wenn ein Schiff zwischen Hamburg und den USA pendelt, schöne Kabinen zur Verfügung stehen und diese nicht genutzt werden. Auch einen Deviationsfall, also einen Versicherungsfall, bei dem das Schiff passagierbedingt von seiner Route abweichen muss, hatten wir noch nie. Wegen unserer Passagiere musste noch kein Fahrplan geändert werden.

Einige wenige Reederein vermitteln Passagen auf ihren Schiffe ja auch selbst, z. B. Hamburg-Süd oder die Niederelbe-Schifffahrtsgesellschaft.

Wie gesagt, den meisten Reedereien ist der Aufwand einfach zu groß, die überlassen das Management dann doch lieber den Agenturen und verweisen auf uns - zum Beispiel durch Links auf ihren Webseiten. Und natürlich können wir unseren Kunden auch Kabinen auf Schiffen dieser Reedereien vermitteln. Bei uns wird Ihnen nämlich geholfen...

Frachtschiffreisen „von der Stange", die jeder mit zwei Klicks im Internet buchen kann, wird es wohl nie geben. Sie betreiben einen ganz schönen Aufwand für Ihre Kundschaft, es geht oft ziemlich hektisch zu.

Ja, wohl wahr. Frachtschiffreisen sind ein Produkt, das große Flexibilität und Organisationsvermögen voraussetzt. Arbeit nach „Schema F" oder Schubladendenken sind in dieser Branche Fremdwörter. Wir haben immer wieder Probleme, einem ganz normalen Reisebüro klarzumachen, dass ein Frachtschiff auch mal ein paar Tage Verspätung haben kann oder das Schiff auf der Route durch ein anderes ersetzt wird. Leider sind diese Unwägbarkeiten auch nach Abklingen der Schifffahrtskrise nicht weniger geworden. In der Hochsaison geht es dann also auch mal turbulent zu, aber bislang haben wir immer dank guter Teamarbeit alle Situationen gemeistert.

Sie hatten Passagiere an Bord eines Schiffes, das mit einem anderen kollidiert ist. Sie mussten Passagiere ausfliegen lassen, weil es im Packeis nicht mehr weiterging, Passagiere beschwerten sich über zu hohen Seegang – in der Biskaya! Mal ehrlich, kostet Sie das nicht Nerven ohne Ende? Ihr Publikum ist doch nicht nur „pflegeleicht"?

Im Prinzip schon. Dieser Job ist nicht einfach und ist nur mit einem sehr guten Team, das sich mit dieser Tätigkeit identifiziert, möglich. Man sollte nicht extrem empfindlich sein. Aber wir bekommen auch sehr viele begeisterte Rückmeldungen und Reiseberichte, sonst würden wir das ja gar nicht machen.

Und der „Landarzt" aus der Fernsehserie, die in Kappeln mal spielte, kann auch nicht mehr kommen!

Szenen für „Der Landarzt" wurden regelmäßig auch in der Nähe unseres Büros gedreht. Wayne Carpendale ist schon öfters an unseren Fenstern vorbeispaziert – als medizinischen Sachverständigen haben wir ihn nie benötigt. Für eine Frachtschiffreise hat er sich allerdings auch nicht interessiert. Schade eigentlich.

In der Reisebranche sind gerichtliche Auseinandersetzungen inzwischen Alltag. Kunden klagen wegen angeblicher Schlechtleistung, beschweren sich, wollen ihr Geld zurück usw. Sind Sie davon auch betroffen?

Natürlich. Aber keine Agentur gibt dazu gerne detailliert Auskünfte. Sehen Sie es mir nach, auch bei uns gibt es kleine "Betriebsgeheimnisse": kein Kommentar!

Ooch nee, bitte: Ein besonders krasser Fall?

Na gut, also: Wir hatten vor Jahren mal eine Passagierin, deren Schiff an die englische Ostküste statt nach Skandinavien fuhr – das wurde erst am Tag der Abreise bekannt. Daraufhin verklagte die Dame die Reederei, da sie angeblich einen „Frustrationsschaden" erlitten hatte – und verlangte Schadenersatz in fünffacher Höhe des Reisepreises. Der Richter war glücklicherweise sehr abgeklärt und konnte dieser Argumentation dann doch nicht in allen Punkten folgen.

Sie haben mal ein Schiff für einen Kunden gesucht, der gleich drei Jahre an Bord gehen wollte. Haben Sie eins gefunden?

Es ist nicht ganz einfach, Visavorschriften sowie versicherungstechnische Angelegenheiten für so eine Buchung zu klären. Ich hätte dem Kunden ein Trampschiff in der europäischen Fahrt anbieten können, der Reeder wäre einverstanden gewesen. Leider hat sich der gute Mann dann nicht mehr gemeldet.

INTERVIEW MIT KAPITÄN MATTHIAS WOHLERS

Matthias Wohlers (36) fuhr fünfzehn Jahre zu See, darunter mehrere Jahre als Kapitän, bevor er Hafenlotse in Bremerhaven wurde, um näher bei seiner Familie sein zu können. Er nahm regelmäßig Passagiere mit. Im Interview berichtet er über seine Erfahrungen.

Herzlichen Glückwunsch zum Hafenlotsen in Bremerhaven! Vermissen Sie es, auf Große Fahrt zu gehen?

Ein wenig schon. Das viele Manövrieren im neuen Job macht schon Spaß. Aber: Hier im Hafen gehen Sie aufs Schiff, fahren durch die Schleuse, legen an und zwei Stunden später wissen Sie nicht mehr, wie das Schiff eigentlich hieß. Ja, und auf meiner CARAT, da war ich eben der Kapitän. Jetzt komme ich als Lotse an Bord und darf beraten.

Sie sind jetzt eben nicht mehr der Boss.

Einmal das. Und der Zusammenhalt mit der Mannschaft, das fehlt so ein bisschen. Das war schon ein tolles Klima.

Dafür müssen Sie jetzt die lästigen Passagiere nicht mehr bespaßen...

(lacht). Nee, also lästig waren die nun nicht. Passagiere waren immer eine sehr willkommene Abwechslung. Ich war ja nun der einzige Deutsche an Bord. Da hat man wenigstens mal die Gelegenheit auf ein Gespräch. Ich brauche immer einen zum Quatschen.

Hat ein Kapitän eigentlich Einfluss darauf, ob seine Reederei Touristen an Bord lässt oder nicht?

Ich kann natürlich sagen: Ich nehme keine mit.

Und dann?

Ja, dann nehmen wir keine mit.

Herr Wohlers, mal ehrlich! Die Idee, Passagiere mitzunehmen, haben doch nicht die Kapitäne, sondern die Reedereien…

Naja, das ist so eine Art Gewohnheitsrecht. Letztlich habe ich ja zu entscheiden, wer auf mein Schiff raufkommt. Natürlich muss ich mich dann mit dem Personalchef auseinandersetzen. Also, wie gesagt, ich hatte ja nichts gegen Passagiere. Die von der Reederei haben Bescheid gegeben, dass jemand an Bord kommt und fertig.

Warum sind eigentlich so wenige Reeder bereit, Passagiere mitfahren zu lassen? Meistens ist doch eine Kabine frei und könnte genutzt werden.

Die Reedereien scheuen die zusätzliche Belastungen: Versicherungen, Schriftverkehr, Koordination. Oder stellen Sie sich vor, ein Passagier erkrankt und ein Nothafen muss angelaufen werden. Das bringt alles durcheinander. Stress pur.

Das ist doch so gut wie noch nie passiert!

Stimmt, mir auch nicht. Trotzdem, die Angst davor bleibt. Mein vorletzter Reeder war strikt gegen Passagiere. Obwohl immer fünf, sechs Kammern frei waren. Bei meinem ersten Reeder war es genau anders: in der Südamerikafahrt hatten wir Passagiere bis zu zweieinhalb Monate lang an Bord.

Und die nerven auch schon mal.

Klar. Da gab es auch schon mal Nörgeleien wie „immer die gleiche Wurst zum Frühstück" und so was. Es nervt auch, wenn immer die selben Fragen gestellt werden, oder die einem oben auf Brücke ständig vor den Füßen rumrennen, im Weg stehen, Tür auf und zu, rein, raus, vor dem Brückenfenster lang laufen, weil sie unbedingt von dort Fotos schießen wollen, beim Manövrieren vor dem Schaltpult im Wege stehen.

Also, Kapitän und Offiziere bei der Arbeit stören?

Ja, das gibt es. Ich kenne einen Kapitän, der lässt seine Passagiere pro Tag nur eine halbe Stunde auf Brücke, das war's dann. Aber: Nerv-Passagiere sind wirklich die Ausnahme. Die meisten sind sehr okay und willkommen an Bord.

Das beruhigt.

Ja, die wollen eben echte Seefahrt und mögen dieses Überkandidelte auf den Kreuzfahrtschiffen nicht. Sie haben ja nie so engen Kontakt zur Mannschaft. Und auf einem Frachtschiff ist jeden Tag Captain's Dinner. Wenn Sie wirklich etwas über Schifffahrt erfahren wollen, dann geht das nur über die Berufsschifffahrt.

Und wie reagiert die Crew auf die Gäste?

Nun, die Decksleute haben natürlich zusätzlich was zu tun, müssen sich kümmern. Gerade in der Feederfahrt mit häufigem Wechsel der Häfen. Der Koch hat mehr zu tun. Manche mögen's eben, andere nicht. Ich hatte bisher nur positive Erfahrungen. Eine Abwechslung stellen Passagiere allemal dar.

Was raten Sie Frachtschiffreisen? Verhaltensregel Nummer Eins?

Auf jeden Fall, wenn die an Bord gekommen sind: erstmal hoch auf Brücke und sich beim Kapitän vorstellen.

Klar! Aye, aye, Sir.

Wichtig ist auch, abzuklären, wann man auf Brücke kann, ob das die Offiziere stört oder nicht. Manche wollen eben nicht, wenn da einer um den Kartentisch rumschleicht. Extrem wichtig ist auch, sich über die Sicherheitsbestimmungen zu informieren. Helm tragen an Deck. Beim Ladevorgang nicht landseitig die Gangbord längs und so was. Und nicht gleich runterlaufen in den Maschinenraum und dem Chief beim Hebelziehen helfen wollen. Geht gar nicht.

Was sind das für Menschen, wer schippert mit Blechkisten durch die Gegend?

Oh, da hatte ich mal eine junge Frau, die wollte nur ihre Ruhe haben. Und hat ihre Diplomarbeit an Bord geschrieben. Oder einen ehemaligen Marineoffizier. Der wollte exakt die Häfen noch mal abklappern, die er selbst angelaufen ist. Der ist sogar morgens um vier aufgestanden, um Anlegemanöver mitzuerleben. Man muss sich zu beschäftigen wissen, gerade, wenn man längere Törns vor hat. Und eins ist auch klar: an Bord ist nicht immer alles Friede, Freue, Eierkuchen.

Man kann seekrank werden, laut ist es auch!

Jaja, grade auf kleineren Schiffen kann es auch bei geringem Seegang schon mal heftig schaukeln. Und Lärm ist überall an Bord: Lüftung läuft immer, Vibration der Maschinen hört man immer, Container knallen an Deck. Dann stehst Du schnell senkrecht in der Koje.

Haben Sie jemals einen Passagier wieder gesehen?

Aber ja. Da gibt's zum Beispiel den Herrn Meier – der heißt wirklich so – aus Duisburg, der hier regelmäßig bei mir zu Hause anruft. Der ist schon drei oder vier Mal mit seiner Frau bei mir mitgefahren. Schreibt Karten zu Ostern und Weihnachten. Er ist übrigens 75 Jahre alt.

Warum nehmen denn Reedereien überhaupt Passagiere mit?

Das ist natürlich Werbung für die Seefahrt und die Reederei. Unser Image ist ja nicht grade das positivste. Die wenigsten wissen, dass man vier Jahre studieren muss, um Kapitän zu werden. Meine Reederei hat sich auch über jede Rückmeldung gefreut, dass man sich wohl gefühlt hat an Bord, ein Bericht geschrieben wurde oder so etwas.

Und ein paar Euros zusätzlich bringt das ja auch ein.

Ein kleiner Zuverdienst, sicher. Wir haben davon unseren hohen Kaffeekonsum finanziert... Im Ernst: Gerade in der hinter uns liegenden Krise wurde das zusätzliche Geld gerne mitgenommen.

Zum Schluss: Welche Routen würden Sie Interessierten empfehlen?

Natürlich die Feederfahrten in Nord- und Ostsee. Dort passiert ne Menge, Revierfahrten, Häfen, Nordostsee-Kanal, Küstennähe usw. Wenn man richtig Action haben will, dann kann ich nur eine Fahrt im Winter ins Eis der Ostsee empfehlen. Schönwetterfahrten kann man immer haben, aber eine Eisfahrt das ist ein richtiges Spektakel. Wer viel an Land gehen möchte, sollte sich vorher gut informieren über die voraussichtlichen Liegezeiten. Und einen Hafen sollte man auf jeden Fall gesehen haben: Singapur. Als ich auf Großer Fahrt war, bin ich dort achtundzwanzig Mal gewesen.

INTERVIEW MIT SONJA OBJARTEL, BEI OPDR FÜR PUBLIC RELATIONS, MARKETING UND FRACHTSCHIFFREISEN ZUSTÄNDIG

Sonja Objartel (30) stöberte im Archiv der „Oldenburgisch-Portugiesischen Dampfschiffs-Rhederei" und förderte manch Historisches über das Reisen auf Frachtschiffen zutage. Auch über die moderne Zeit gab sie kompetent Auskunft. Nur firmeninterne Zahlen konnten ihr nicht entlockt werden.

„Oldenburg-Portugiesische Dampfschiffs-Rhederei" — das hört sich bannig altmodisch und nostalgisch an.

Das ist aber nur der Name. Wir sind eine Reederei auf der Höhe der Zeit, mit einer sehr jungen Schiffs- und Containerflotte, einem anspruchsvollen Linienkonzept, einem jungen Team und einer modernen Ausrichtung. Wir sind mit dem Firmennamen „OPDR" im europäischen und nordafrikanischen Markt seit nunmehr über 130 Jahren verankert und etabliert. Den Namen nur zu ändern, damit er moderner klänge, wäre Unfug. Sicher: wir sind auch sehr traditionsbewusst.

Schon in der Gründerzeit hat OPDR nicht nur leere Flaschen nach Portugal und Korkholz wieder zurück ins Herzogtum Oldenburg gebracht…

Genau: Schon auf den damaligen Segelschiffen waren immer auch Passagiere an Bord und gern gesehene Gäste. Die mussten dann teilweise im Frachtraum schlafen, was sicherlich nicht sonderlich bequem war. Aber die Firmenannalen berichten: alle kamen lebend an! Die Mitnahme von Passagieren ist so eine Tradition, die wir pflegen und beibehalten haben.

Damals konnte man noch durch Mitarbeit auf dem Schiff seine Passage selbst verdienen. Hand gegen Koje.

In den Anfangszeiten war das wohl gang und gebe. Diese Zeiten sind aber so lange vorbei, dass sich selbst die älteren Kollegen hier bei uns daran nicht erinnern können. Heute wäre es im Übrigen völlig undenkbar, dass ein Passagier auf dem Schiff arbeitet.

Warum eigentlich?

So ziemlich sämtliche Rechtsnormen sprechen dagegen: angefangen bei den Unfallverhütungsvorschriften bis zur Besatzungsverordnung. Und wir wollen das auch nicht. An Bord müssen sämtliche Arbeiten fachkundig ausgeführt werden. Dafür haben wir qualifiziertes Personal.

Noch mal zurück in die Geschichte. Die goldene Zeit der Frachtschiffreisen...

... war wohl die erste Hälfte des 2o. Jahrhunderts, bis man mit einem Linienflug die Traumziele schneller und günstiger erreichen konnte. In den Glanzzeiten bot OPDR auf ihren Schiffen an die Hundert Kabinen an, manchmal waren bis zu 12 Gäste an Bord – bei noch mehr hätten mehr oder größere Rettungsboote angeschafft werden müssen. Nun waren und sind unsere Zielhäfen aber auch hochattraktiv, weil von der Sonne verwöhnt. OPDR verbindet seit eh und je Nordeuropa mit Spanien, Portugal, den Kanarischen Inseln, Marokko usw.

Und es wurde einiges geboten, um die Reisen so angenehm wie möglich zu gestalten. Sie haben aus Ihrem Archiv eine Anzeige aus dem Jahr 1885 und Werbeprospekte aus den 30er und 50er Jahren mitgebracht.

Oh ja. Geboten wurden 2-Bett Außenkabinen mit fließendem Kalt- und Warmwasser, elektrische Heizung und Ventilatoren. Es gab ein Bad, einen eigenen Speisesaal, sogar eine kleine Bücherei, Liegestühle für das Promenadendeck, Kühlräume. Und: einen Rauchsalon – unglaublich!

Für jeden Tag eine gesonderte Speisenkarte!

Mit Schreibmaschine getippt… Heute wird die Speisenfolge auf eine Tafel mit Kreide geschrieben. Auch gibt es heutzutage keine „Billets" oder Fahrkarten im klassischen Sinne mehr und auch die Begrenzung auf einen „halben Kubikmeter" Gepäck ist entfallen. In Hamburg wird auch nicht mehr vom Segelschiffhafen, Schuppen 37 abgefahren. Sondern von einem modernen Containerterminal. Die Zeiten haben sich sehr geändert.

Auf den Schiffen der OPDR sind auch heute noch immer Kabinen für die Mitnahme von Passagieren vorhanden?

Ja, auf jedem OPDR-Schiff gibt es zwei Kammern für je bis zu zwei Gäste. Auch heute noch steht unseren Passagieren ein Aufenthaltsraum zur Verfügung mit Fernseher und DVD-Player sowie einer Auswahl von DVDs und Büchern. Dafür planen wir bei Neubauten keine Eignerkabinen mehr ein. Die Baupläne für unsere derzeitigen fünf je 700 TEU fassenden Containerschiffe stammen übrigens aus eigener Feder. Leider hatte es die OPDR jedoch versäumt, sich dieses Schiffsmodell rechtzeitig patentieren zu lassen. Und so fahren womöglich noch ein paar Dutzend weiterer baugleicher Schiffe über die Weltmeere mit je zwei Gästekabinen – wahrscheinlich ungenutzt oder maximal für Lotsen reserviert.

Was zu der Frage führt, warum so wenige Reedereien heutzutage Kammern für Gäste anbieten. Die Nachfrage ist doch vorhanden.

Eine präzise Antwort kann ich Ihnen darauf nicht geben. Ich glaube, die meisten scheuen den Aufwand, der letztlich hinter der Vermittlung solcher Mitfahrmöglichkeiten besteht. Vielleicht auch die Angst, dass irgendetwas schief geht und es Stress gibt. Es kommt durchaus vor, dass an manchen Tagen hier bei uns eine volle Arbeitskraft damit ausgelastet ist, obwohl die Buchungen als solche ja über spezielle Reisebüros laufen und nicht direkt über die OPDR. In der Seefahrt geht es eben oft genug sehr spontan und ziemlich hektisch zu.

Aber es lassen sich doch auch ein paar Euros dabei verdienen! Das Segment „Frachtschiffreisen" ist bei immerhin Ihnen ein „Geschäftsbereich".

Nun ja, reich werden wir davon bestimmt nicht. Wir verdienen unser Geld mit dem Befördern von Fracht. An einem Container verdienen wir mehr als an einem Passagier. Passagiere nehmen wir mit, weil es uns Spaß macht, weil wir diese Tradition bewahren wollen, weil wir uns über die vielen positiven Rückmeldungen in Form von Briefen, Postkarten, Fotos, Bildbänden und vielem mehr richtig freuen.

Der reinste Altruismus also? Ein paar harte ökonomische Fakten würde ich Ihnen doch gerne entlocken.

1936 kostete eine Passage von Hamburg nach Casablanca 140 Reichsmark, zu den Kanarischen Inseln hin und zurück 400 Reichsmark. Eine dreiwöchige Reise in den 60er Jahren war für 1.200 DM pro Person zu haben. Wollten Sie das wissen? (lacht)

Nicht wirklich...

Nun, wir haben eine Auslastung von rund 34 Prozent bezogen auf alle Kabinen auf allen Schiffen. Für ein Hotel wäre das wohl ziemlich mies. Im letzten Jahr haben wir insgesamt 127 Personen befördert. Und unser Preis rechnet sich ganz einfach so, dass wir unsere mit dem Reisesegment verbundenen Personalausgaben refinanziert haben wollen, hinzu kommt eine Verpflegungspauschale und schließlich ein Bunkerzuschlag – vergleichbar dem Kerosinzuschlag bei Airlines. Schließlich soll noch ein kleiner Gewinn herausspringen.

Und dann schlagen die Reiseagenturen ihre Marge oben drauf?

Ja klar, die müssen davon ja existieren und haben mit dieser Art des Reisens auch eine Menge Arbeit und Stress am Hals. Allerdings sehen unsere Verträge mit den Agenturen vor, bestimmte Höchstpreise nicht zu überschreiten. Sonst kriegen sie nämlich Ärger.

Warum vermarkten Sie wie zum Beispiel „Hamburg Süd" oder „NSB – Niederelbe Schifffahrtsgesellschaft" ihre Kammern dann nicht gleich selbst?

Wie gesagt, der Aufwand steht in keinem Verhältnis zum Ertrag. Wir sind mit fünf Schiffen und zehn Kammern letztlich auch zu klein für das Geschäft. Und auch wenn Sie es nicht glauben wollen, noch Mal: unsere Geschäftsführung wünscht, dass eine alte Tradition fortgesetzt wird. Reeder sind konservative Zeitgenossen. Wir werben auf diese Weise mehr für die Seefahrt ganz allgemein als direkt für unsere Reederei. Ein Passagier hat noch nie hinterher bei uns einen Container gebucht…

Ihr berühmtester Gast war als singender Nachtwächter an Bord und hieß Freddy Quinn.

Was Sie alles wissen… Ja, aber Freddy Quinn hat keine Reise mit uns unternommen. Der war an Bord, weil unsere OPDR CADIZ als Filmkulisse für eine ARD-Schmonzette „Erbin mit Herz" genutzt wurde. Sonst wüsste ich nicht von weiteren Berühmtheiten.

Aber Sie wissen, wie es Ihren Passagieren gefallen hat. Gab es auch schon mal richtig Ärger?

Kommt vor, klar. Wie in der Reisebranche üblich, wird sich auch schon mal schnell beschwert. Zum Beispiel, wenn bestimmte Häfen doch nicht angelaufen wurden. Oder die Crew sich angeblich nicht korrekt verhalten haben soll. Einer hat sich ernsthaft darüber mokiert, dass sein Essen nicht auf die Kammer gebracht wurde. Ein anderer hatte Probleme mit dem Kapitän. Da steht dann oft Aussage gegen Aussage.

Wie kommt das? Sind solche Zeitgenossen schlecht informiert?

Das drängt sich auf. Es gibt Leute, die meinen wohl, sie hätten eine Kreuzfahrt gebucht und sind zu ihrem Erstaunen auf einem Frachter gelandet. Wollen sich nicht an die Regeln halten. Aber auf Frachtschiffen gilt nun Mal zweierlei. Erstens: die Fracht hat Vorrang, absoluten Vorrang. Immerhin machen wir damit unser Geschäft. Und zweitens: der Kapitän ist der Boss, seinen Anordnungen ist Folge zu leisten. Basta.

Das klingt hart...

Wer damit nicht klar kommt, sollte sich eben ein Frachtschiff nicht als Feriendomizil aussuchen. Und wenn wir merken, da will ein Querulant an Bord, sagen wir auch gleich „nein". Ich bin sicher: wer mit unseren Crews nicht klarkommt, muss schon ein ziemlich schräger Vogel sein.

Trotzdem haben Sie Freude an Ihren Passagieren.

Aber ja doch. Ich sprach gerade über absolute, seltene Ausnahmen. Unsere Gäste sind in der Regel der Seefahrt sehr verbunden, sind Individualisten, die ihre Ruhe haben wollen, genügsam und umgänglich. Viele fahren immer wieder mit uns, fragen nach bestimmten Kapitänen. Und loben überschwänglich das Essen an Bord.

Warum gerade das?

OPDR zahlt eine über dem Durchschnitt liegende Verpflegungspauschale. Außerdem heuern bei uns vornehmlich spanische Seeleute an. Es wird deshalb entsprechend mediterran gekocht. Naja, das gefällt unseren Gästen ungemein und passt auch zu den gewählten Reisezielen in südlichen Gefilden.

INTERVIEW MIT LENNART HEISE, GEOGRAPH UND AUTOR EINER WISSENSCHAFTLICHEN STUDIE ÜBER FRACHTSCHIFFREISEN

Als unerforschte „terra incognita" des maritimen Tourismus galt bislang das Phänomen des Frachtschiffreisens. Diplom-Geograph Lennart Heise entdeckte den Nischenmarkt für sich und schloss mit einer wissenschaftlichen Studie die Lücke. Im Interview nimmt der 28jährige Jungakademiker uns mit auf eine spannende Entdeckungsreise. (Lennart Heise: Frachtschiffreisen als alternative Reiseform: Analyse einer touristischen Nische – Eine empirische Untersuchung an Passagieren; Diplomica Verlag Hamburg 2012, ISBN 978-3-8428-7927-0)

Frachtschiffreisen sind eine wissenschaftlich unerforschte alternative Reiseform, schreiben Sie. Hat Entdeckerlust Sie angetrieben, das Thema zu bearbeiten?

In der Tat wollte ich eine wissenschaftliche Lücke schließen in der Hoffnung auf neue Erkenntnisse. Bei meiner geographischen Tourismusforschung sollte aber auch ein praktischer Nutzen zum Beispiel für Spezialreiseagenturen und Reisemittler herausspringen.

Was haben wir uns denn unter „geographischer Tourismusforschung" vorzustellen?

Die Tourismusforschung hat sich im Laufe der letzten Jahre aus ihren Mutterfächern wie Betriebswirtschaft, Psychologie, Politik oder Geographie herausgelöst und sich zu eigenständigen Teildisziplinen weiterentwickelt. Das Interesse der geographischen Tourismusforschung gilt der Analyse räumlicher Strukturen und Prozesse durch den Tourismus, denn zu jeder Urlaubsreise gehören nun Mal Ortswechsel und Rollenwechsel.

Kurz gefasst?

Es wird folgenden Fragen nachgegangen: Wer reist und warum; wie und wohin wird gereist; welche Potenziale und Risiken ergeben sich an Ausgangs- und Zielort für Mensch und Umwelt?

Und was wollten Sie in Sachen „Frachtschiffreisen" nun speziell herausfinden?

Frachtschiffreisen erleben – insbesondere in Deutschland – seit einigen Jahren eine Renaissance und etablieren sich langsam aber kontinuierlich als individuelle, außergewöhnliche und gleichzeitig von der Masse kaum beachtete Reiseform auf dem Tourismusmarkt. Sie wirken dabei wie eine längst überholte Reiseform, denn Reisen heißt heute: Warten auf das Ankommen und möglichst schnell das jeweilige Ziel erreichen. Der eigentliche Weg scheint unbedeutend geworden zu sein. Ziel der Analyse war es, die Nachfrage im gesellschaftlichen Kontext zu erklären. Geographische Tourismusforschung ist eben nicht nur Raumwissenschaft, sondern auch eine Verhaltenswissenschaft. Untersucht wurden insbesondere die Reisemotive der Passagiere, Aufenthaltsmerkmale an Bord sowie allgemeine Reisemerkmale.

Wie sind Sie – in aller Kürze – dabei methodisch vorgegangen?

Grundlage der Analyse bildeten wissenschaftliche Hypothesen, die systematisch durch Befragung von Personen, die bereits Frachtschiffreisen unternommen haben, überprüft wurden. Als quantitatives Datenerhebungsinstrument wurde ein Fragebogen entwickelt. Dieser wurde online im Internet veröffentlicht und konnte über einen Link erreicht werden.

Wo und wie haben Sie denn Ihre Klientel aufgetrieben?

Um Frachtschiffreisende auf den Web-Survey aufmerksam zu machen und zur Teilnahme zu animieren, wurde eng mit Spezialreiseveranstaltern kooperiert. Der Link war auf Internetpräsenzen, in Newslettern, Emailverteilern und Fachforen zu finden. So kamen fast 100 Personen zusammen, das entspricht schätzungsweise 2% aller Frachtschiffreisenden weltweit. Das reicht, um Tendenzen zu erkennen. Zugegebenermaßen war die Stichprobe aber zu gering, um absolut gültige Schlüsse zu ziehen.

Der Frachtschiffreisende, das unbekannte Wesen? Beschreiben Sie die Spezies mal auf den Punkt gebracht – Alter, Sozialer Status, Bildungsniveau usw.!

Die Klientel ist sehr unterschiedlich und „den typischen" Frachtschiffreisenden gibt es nicht. Repräsentiert sind alle Altersklassen, Soziale Schichten und Bildungsstände. Dennoch: Die meisten

Frachtschiffreisenden sind im Alter zwischen 50 und 69 Jahren, das Bildungsniveau und das Durchschnittseinkommen sind überdurchschnittlich hoch, meist handelt es sich um Rentner, Angestellte oder Selbstständige. Auch jüngere Altersklassen unternehmen Frachtschiffreisen und speziell in der Gruppe zwischen 30 und 49 Jahren liegen enorme Potenziale. Passagiere unter 30 Jahre oder über 70 Jahre gibt es nur vereinzelt. Die Mehrzahl der Frachtschiffreisenden kommt im Übrigen aus dem norddeutschen, also küstennahen Raum!

Sie haben doch noch viel mehr herausgefunden…

Ja klar. Wohin zum Beispiel die Reise geht, ist – wie so oft – eine Frage von Zeit und Geld. Der durchschnittliche Reisepreis liegt etwa bei 95 Euro pro Tag und ist damit ca. 35% teurer als die bundesdurchschnittliche Auslandsreise. In den seltensten Fällen sind Passagen teurer als 120 Euro oder günstiger als 60 Euro pro Tag. Zusätzlich werden durchschnittlich 17 Euro pro Tag z.B. während der Landausflüge, für Getränke an Bord oder für Hafengebühren ausgegeben. Insbesondere Passagiere, die das erste Mal auf einem Frachtschiff reisen, entscheiden sich für eine kürzere Route unter sieben Tagen (ca. 20%). Etwa die Hälfte der Passagiere reist zwischen 7 und 14 Tagen. Abgelegt wird in vier von fünf Fällen aus Hamburg, Bremerhaven, Rotterdam, Antwerpen oder Lübeck. Drei Viertel der Frachtschiffreisenden bucht eine Rundreise, also mit identischem Ein- und Ausschiffungshafen.

Gibt es Lieblingsziele oder Fahrgebiete?

Bei den Deutschen beliebt sind insbesondere Fahrten durch die Ostsee, die Transatlantikpassage in die USA und Reisen in die Karibik. Aber auch Reisen um die ganze Welt via Suezkanal und Panamakanal. Es gibt auch Exoten, die mehrere Wochen oder sogar Monate an Bord bleiben.

Und extrem viele Lonesome Cowboys…

Ja, Sie haben Recht. Erstaunlicherweise reisen zwei Drittel aller Frachtschiffreisenden ohne Begleitung. Hier liegt ein ganz gravierender

Unterschied zum Bundesdurchschnitt, denn 89% der Deutschen verreisen mit Partner, Familie, Freunden etc.

Nach welchen Kriterien sucht die Kundschaft sich ihre bevorzugte Reise aus, was ist Frachtschiffreisenden bei der Auswahl besonders wichtig?

Wichtige Entscheidungskriterien bei der Buchung einer Frachtschiffreise sind für viele Passagiere Fahrtgebiet und Route, Reisedauer, Abfahrtshafen und Kabinenausstattung. Einige Passagiere achten auch auf Schiffstyp, Schiffsgröße, Einrichtungen an Bord und Reisedatum/Saisonalität. Weniger wichtig hingegen sind Nationalität der Besatzung, Flagge des Schiffes, die Reederei und erstaunlicherweise auch die Kosten.

Sie haben auch Motivforschung betrieben. Also: warum, wieso, weshalb verbringt jemand seine Freizeit gerade auf einem Containerfrachter?

Sehen Sie, wir haben es hier immer mit einem ganzen Bündel von Motiven zu tun, das sich bei jedem einzelnen je nach Alter, Bildungsstand, Einkommen, gesellschaftlichem Umfeld usw. anders zusammen setzt: manchmal geht es um die Technik an Bord, manchmal um Schiffsromantik oder auch um Naturerlebnisse, Authentizität, bisweilen auch um Erinnerungen, die ehemalige Seeleute aufleben lassen möchten.

Gibt es auch einen gemeinsamen Motivationsnenner aller?

Nun, einige Reisemotive werden in der Tat sehr häufig genannt. Der oftmals interessierte und aktive Frachtschiffreisende sucht gleichermaßen Erholung und Aktivität. Über 80% bewerten die Aussage „Frachtschiffreisen bieten verschiedene Phasen von Ruhe und Erlebnissen" als zutreffend. Etwa zwei Drittel der befragten Passagiere möchte „Abstand zum Alltag gewinnen", „Entspannung" und „keinen gesellschaftlichen Verpflichtungen unterliegen" aber auch „neue Eindrücke gewinnen", „herum kommen" und „andere Länder erleben". Weitere häufige Motivnennungen sind „Ausruhen und Faulenzen" sowie „Kontakt zu den Besatzungsmitgliedern".

Wo bleiben da die klassischen Motive „Sonne, Spaß, Sport"?

Genau die treten deutlich in den Hintergrund, sind auf einem Frachtschiff ja auch nicht unbedingt zu bedienen! Motive wie beispielsweise „Spaß und Freude", „Sonne und schönes Wetter" „sich unterhalten lassen" sowie „sich verwöhnen lassen" sind insofern ebenso wie sportliche und gesundheitliche Motive kaum von Bedeutung.

Was macht Frachtschiffreisen dann aus Sicht der Kundschaft besonders attraktiv?

Das Erlebnis auf See unter authentischen Bedingungen, der Kontakt zur Besatzung und zu anderen Individualreisenden, die Weite und Ruhe der See, die Möglichkeit das Frachtschiff und die Schiffstechnik frei zu erkunden, der Wechsel aus Seeerlebnissen und Landgängen, die Abgeschiedenheit von der übrigen Zivilisation und der Abstand zum Alltag – all dies wurde von den Frachtschiffreisenden als besondere Merkmale der Reise genannt.

Frachtschiffreisen seien „Selbstfindungsphasen" für vom Alltag überforderte Menschen, die kurzfristige Fluchtversuche unternehmen. Gehen Ihnen da tiefenpsychologisch nicht ein wenig die Pferde durch?

(Lacht) Nee, aber Ihre Frage ist provokant. Ich versuche eine ernsthafte Antwort: Seit mehreren Jahren gibt es eine wachsende Wahrnehmung von Beschleunigungseffekten im Alltag von uns allen. Insbesondere auf elektronische Datenverarbeitung basierende Informationstechnologien erlauben unseren postindustriellen Gesellschaften eine starke Beschleunigung. Das Motto lautet: „Höher, schneller, weiter!" Die negative Folgen kennen wir: Stress, Fehleranfälligkeit, Krankheiten, Burnouts.

Okay, und dabei geht das Zeitempfinden verloren...

... dem sich die Menschen in zunehmendem Maße entziehen wollen und sich auf die Suche begeben nach Eigenzeit und Downshifting. Da Beschleunigung überwiegend in beruflichen Kontexten vorzufinden ist, entstehen in freizeitorientierten Bereichen entsprechende Entschleunigungseffekte zur Stärkung der Eigenzeit und zur Selbstfindung. Erkennbar sind derartige Effekte auch im Tourismus. Entsprechend lautete eine These der Analyse, dass auch Frachtschiffreisende an Bord nach Balance, Entschleunigung und Selbstfindung streben.

Das können Sie statistisch belegen?

Es wäre wissenschaftlich unsinnig gewesen, die Passagiere konkret nach diesen unterbewussten Motiven zu befragen. Also wurden formulierte Aussagen vorgelegt, die bewertet werden sollten. Im Ergebnis sind fast die Hälfte der Frachtschiffreisenden mit vielen gesellschaftlichen Anforderungen überfordert. Zwei Drittel empfinden ihren Alltag als sehr hektisch und unruhig, über 80% gaben an, dass im Alltag oft die Zeit für die eigenen Belange fehlt.

Was hat das mit Frachtschiffreisen zu tun?

Wenig, deshalb wurden die von mir formulierten Aussagen konkret auf die Besonderheiten von Frachtschiffreisen gelenkt. Etwa 80% der Passagiere stimmten folgenden Aussagen zu: „Auf Frachtschiffreisen bin ich frei von gesellschaftlichen Zwängen und Verpflichtungen", „Frachtschiffreisen bieten ein faszinierendes Gefühl von Freiheit und Unabhängigkeit' und „Auf Frachtschiffreisen erlebe ich andere Zeitrhythmen und Zeiteinteilungen". Verknüpfen wir jetzt diese Aussagen mit den vorherigen und vergegenwärtigen wir uns noch einmal die Motive der Passagiere, so sind Frachtschiffreisen – wie viele alternative Reiseformen auch – eine Möglichkeit, der Multioptionalität und der Schnelllebigkeit unserer Gesellschaft zu entfliehen. Hier liegen aussagekräftige Ergebnisse vor, die versteckte Reisemotive der Frachtschiffpassagiere aufdecken.

Noch Mal: haben wir es hier in Extremform mit der so genannten „Destination Ich", wie Freizeitforscher das nennen, zu tun?

Einige Passagiere treten ihre Frachtschiffreise unter den Vorzeichen Entschleunigung, Balance und Selbstfindung an, ja! Frachtschiffreisende sind nicht ausschließlich Schiffsfreaks, Abenteurer, Nostalgiker oder Weltenbummler!

Befragt zu den Freizeitaktivitäten an Bord wurden unter anderem „Häkeln", „Yoga" und „Karaoke" genannt. Sind Frachtschiffreisende schräge Vögel?

Schon wieder eine Provokation... Frachtschiffreisende sind auf jeden Fall Individualisten, auch wenn es sich bei den von Ihnen angesprochenen Aktivitäten eher um Ausnahmen handelt. Zu den beliebtesten Aktivitäten während einer Frachtschiffreise gehören Landgänge, Besichtigung von Brücke und Maschinenraum, Unterhaltungen mit der Crew, lesen und das „Nichts-Tun". Viele Passagiere finden an Bord aber auch Zeit, um Aktivitäten nachzugehen, die sie schon immer ausprobieren wollten oder zu denen sie schon lange keine Zeit mehr gefunden haben. Und da auf vielen Frachtschiffen Südostasiaten zur Crew gehören, darf der Karaokeabend im Aufenthaltsraum mit einem Glas Wein oder einer Flasche Bier nicht fehlen

Sie haben herausgefunden, dass Frachtschiffreisende, zugespitzt formuliert, Kreuzfahrt-Hasser sind. 90 Prozent wollen keine Kreuzfahrt unternehmen oder haben eine hinter sich mit dem Resultat, dies nie wieder tun zu wollen. Wie ist das zu erklären?

Um genau das in Erfahrung zu bringen, wurden Frachtschiffreisende mit spezifischen Formulierungen und Vorurteilen zu Hochseekreuzfahrten konfrontiert. Zusammengefasst kann festgehalten werden: an Bord von Hochseekreuzfahrtschiffen sind zu viele Leute, das Animations- und Entertainmentprogramm ist lästig oder zu üppig, die gesellschaftlichen Zwänge sind omnipräsent und daher belastend, es gibt kaum Freiheiten und Möglichkeiten Zeit für sich selbst zu finden. Wie angesprochen schätzen Frachtschiffreisende vor allem die Ruhe an Bord und den Umstand, keinen Verpflichtungen zu unterliegen. Einmal an Bord eines Frachtschiffes gewesen, können sich die meisten Passagiere keine Hochseekreuzfahrt vorstellen. Und in der Tat: die einzige phänomenologische Gemeinsamkeit zwischen diesen beiden Reiseformen ist, dass die Schiffe auf dem Wasser verkehren und Passagiere an Bord haben. Fakt ist auch: viele Frachtschiffreisende wollen nicht mit Kreuzfahrtpassagieren verglichen werden.

Nun sind Sie ja methodisch unter anderem so vorgegangen, dass Sie zunächst Hypothesen aufgestellt haben, die anschließend einer empirischen Überprüfung unterzogen wurden. Bei einer haben Sie dann daneben gelegen!

Ja, ich hatte die Vermutung, dass Frachtschiffreisende vor der Buchung ihrer Passage auch andere alternative Reiseformen für ihren Urlaub in Betracht gezogen haben – wie Trekking-, Safari- oder Ökotourismus. Das stellte sich bemerkenswerter Weise als Irrtum heraus: beinahe 90% der Passagiere haben keine touristischen Alternativen beachtet und sich gezielt für eine Frachtschiffreise entschieden.

Haben Sie noch weitere Ergebnisse Ihrer Studie überrascht?

Nicht erwartet habe ich, dass Prestigemotive und gesellschaftliche Anerkennung für die Buchung einer Frachtschiffreise kaum von Bedeutung sind. Oftmals werden alternative Reiseformen nämlich nur gebucht, um sich von Mitmenschen abzuheben. Was Kollegen, Freunde oder Verwandte über die individuelle Reiseform der Frachtschiffreise denken wird hingegen kaum beachtet. Frachtschiffreisende sind selbstbewusst und standfest – sie wollen sich nur in den seltensten Fällen von ihren Mitmenschen durch die Buchung einer Frachtschiffreise abgrenzen.

Als Fazit und Ausblick wägen Sie Potenziale und Risiken ab. Nun, was überwiegt?

Eindeutig: Die Potenziale! Charakteristisch für die meisten Menschen ist die Suche nach neuen Erlebnissen und Erfahrungen, die Abenteuer, Spannung, Abwechslung, Faszination und Freude, aber auch Authentizität, Individualität, Sinnorientierung, Ruhe und Zerstreuung vermitteln. Unter diesen Prämissen eilen Frachtschiffreisen als einzigartige und nicht ersetzbare Reiseform enorme Potenziale voraus. Es ist jedoch nicht davon auszugehen, dass Frachtschiffreisen zu einem Massenphänomen werden. Frachtschiffe sind keine touristischen Destinationen. Sie verkehren ausschließlich, um Waren von A nach B zu transportieren. Die Touristen reisen auf einem Arbeitsschiff ohne touristische Einrichtungen, komfortable Suiten, Animation, Events oder außergewöhnlichem Essen, meist fernab von touristischen Sehenswürdigkeiten. Frachtschiffreisen sind und bleiben eine außergewöhnliche, sehr individuelle touristische Nische.

Nach meinen Informationen übersteigt heute schon die Nachfrage das Angebot.

Ja, stimmt genau. Die wichtigste Rolle kommt deshalb den Reisemittlern und Spezialreiseagenturen zu: weitere Reedereien und Vercharterer müssen überzeugt werden, Kammern auf ihren Schiffen für Passagiere anzubieten. Nur so kann das Angebot ausgeweitet und die steigende Nachfrage bedient werden.

Auf Basis Ihrer Arbeit haben Sie sogar ein paar Tipps parat, zum Beispiel für die Anbieter und Agenturen. Welche sind das?

Wenn ich Ihnen das jetzt verrate, interessiert sich ja niemand mehr für meine Analyse und das veröffentlichte Fachbuch. Nur so viel: die Nachfrage wird individueller, das Interesse an Teilstrecken und Zusatzleistungen wächst, Marketingmaßnahmen müssen zielgerichteter durchgeführt werden, um die Bekanntheit von Frachtschiffreisen zu erhöhen. Vor allem aber – und das wiederhole ich – muss der Pool aus Frachtschiffen vergrößert werden!

Und Sie selbst: eröffnen Sie jetzt ein Reisebüro mit Schwerpunkt Schiffsreisen?

Warum eigentlich nicht!? Tatsächlich habe ich einmal mit dem Gedanken gespielt, eine Spezialreiseagentur für Frachtschiffreisen zu eröffnen – wäre ja nicht so weit hergeholt! Ich könnte mir das durchaus einmal vorstellen… Bis dahin widme ich mich weiter der Tourismusforschung und anderen geographischen Fragestellungen mit aktuellem gesellschaftlichem Bezug. Das Feld der Frachtschiffreisen überlasse ich den Praktikern der Touristikbranche.

Eine Frage zum Schluss: Wie oft sind Sie denn persönlich schon auf Frachtschiffen mitgefahren?

Leider konnte ich bislang lediglich einmal in den Genuss einer Frachtschiffreise kommen. Auf einer Fahrt durch die Ostsee habe ich spannende Erfahrungen gesammelt, Kontakte geknüpft und vor allem Informationen über Rahmenbedingungen, das Leben an Bord und Landgänge bekommen.

Und, machen Sie das wieder?

Ich würde jederzeit wieder ein Frachtschiff besteigen. Mein Traum ist es einmal mit einem Kühlfrachter in die Karibik und durch den Panamakanal zu reisen.

GESPRÄCH MIT DREI FRACHTSCHIFFREISE-ENTHUSIASTEN

Insgesamt 39 Reisen auf Frachtern haben sie schon unternommen. Im Gespräch berichten Cornelia Klier (39 Jahre, Angestellte), Detlef Neubauer (52 Jahre, Polizeibeamter) und Peter Thomas (56 Jahre, Busfahrer) von ihren Erlebnissen auf Frachtern, geben Tipps und Hinweise und fragen sich manchmal selbst, was sie immer wieder auf Arbeitsschiffe und das weite Meer zieht.

Der ultimative Check gleich zu Beginn: wer ist der größte Hardcorefan von Frachtschiffreisen unter Euch? Auf wie viele Reisen, Tage und Seemeilen könnt Ihr zurückblicken?

Cornelia: Ich war sieben Mal unterwegs, im Schnitt so zwei Wochen pro Trip. **Peter:** Bei mir waren es neun Reisen. Die kürzeste dauerte sechs Tage, die längste zwei Wochen mit einem langen Aufenthalt in Zeebrügge.

Detlef: Ich biete mehr. 23 Reisen in rund 180 Tagen. Das waren wohl einige Tausend Seemeilen. Leider habe ich die Fahrten nicht sorgfältig dokumentiert.

Okay, Detlef ist der Champion. Könnt Ihr Euch erinnern, wohin Euch die allererste Reise führte?

Detlef: Klar, so etwas vergisst man doch nicht. Es ging von Rotterdam zu einigen englischen Häfen und zurück. **Cornelia**: Ich war an Bord der BALTIC TRADER von Hamburg nach Südnorwegen. Ich liebe diese Feederschiff-Routen in kleine Häfen. **Peter:** Und ich die Fahrten durch den Nord-Ostseekanal. Meine erste Fahrt ging von Hamburg nach Helsinki und zurück. Das Schiff hieß INGRID.

Wie seid Ihr darauf gekommen, was war das Motiv, was hat Euch gerade auf ein Frachtschiff getrieben?

Detlef: Ich bin da etwas vorbelastet. Mein Vater war sehr begeistert von der Seefahrt und hat mich mindestens zwei Mal die Woche mit nach Bremerhaven genommen, wo wir „Sehleute" sämtliche Hafenbecken abgeklappert haben. Die erste Reise ergab sich dann eher zufällig. **Peter**: „Vorbelastet" ist gut, trifft auch auf mich zu. Mein Onkel war Fischer in Rerik an der Ostsee. Mit ihm bin ich schon als Kind rauf aufs Meer. Vor zehn Jahren haben mich dann zwei Freunde mitgenommen; seitdem lässt mich diese Reiseform nicht mehr los. **Cornelia**: Ein Bekannter hat mich darauf gebracht, der für eine Charterreederei gearbeitet hat. Und früher bin ich immer mit den großen Fähren nach Skandinavien und England gefahren. Ich war neugierig geworden.

Welche Passagen sind Euch in besonderer Erinnerung und warum?

Detlef: Bei einer Reise über Weihnachten und Sylvester fuhren auch meine Frau und mein Sohn mit. Auf dem Teilstück von England nach Norwegen gerieten wir in ein Orkantief. Der Seegang setzte dem Schiff und auch uns Passagieren schon heftig zu. Da flogen Kühlschränke und Fernseher aus den Halterungen. Auch das Essen war häufiger auf unseren Beinen und dem Fußboden als auf dem Tisch. **Cornelia**: Oohh wie lecker…!

Aber ein bisschen Seegang gehört doch auch dazu! **Detlef**: Klar. Sehr schöne Erinnerungen habe ich auch an eine Reise durch mehrere Ostseehäfen in Finnland, Schweden und Estland. Die Ostsee war im hohen Norden komplett zugefroren und wir hatten nur strahlenden Sonnenschein. Das waren unvergessliche Eindrücke. Auf dieser Reise entwickelte sich auch ein super Verhältnis zu dem holländischen Kapitän, der mich sogar in seine Wahlheimat Peru eingeladen hat. **Peter**: Sechs Meter hohe Wellen habe ich auch schon erlebt. In der Nordsee. Ansonsten geht es in meiner Badewanne stürmischer zu, als das, was ich bisher an Seegang hatte. Mir ist besonders Kapitän Freudental auf der LAPPLAND in Erinnerung. Der hat viel gequatscht, war auch mehrfach im Fernsehen. Mann, haben wir gelacht! **Cornelia**: Ich finde, jede Reise hat etwas Besonderes. In Erinnerung ist mir zum Beispiel eine Fahrt nach Kaliningrad, als auf dem Weg von dort nach Riga die Crew eines havarierten Segelbootes an Bord genommen wurde, bis die Küstenwache kam und sie dann dort von Bord gingen. Nicht vergessen habe ich aber auch die Überfahrt von Montreal nach Antwerpen: da gab es ungelogen jeden Tag Hühnchen mit Nudeln. Naja, war aber die Ausnahme.

Wart Ihr immer allein unterwegs, vielleicht sogar bewusst allein?

Peter: Ich bin so was wie ein „einsamer Wolf", also immer allein unterwegs. Aber ich mag es, wenn noch andere Passagiere mitfahren. Das sind zwar Zufallsbekanntschaften, aber wir Frachtschiffreisenden ticken doch irgendwie alle gleich. Man denkt, man kennt sich schon seit Jahren. Man klönt, spielt Karten, unternimmt gemeinsam Landgänge. Und wer allein sein möchte: bitte, Kammertür zu und keiner stört Dich. **Detlef**: Ich war ziemlich oft allein unterwegs. Allerdings wurde ich drei Mal von meinem Vater und viermal von meinem Sohn begleitet. Einmal war auch meine Frau dabei. Probleme haben sich in keiner Konstellation ergeben. Für mich waren alle Reisen die totale Entspannung und Erholung. Und meinen Sohn hat es auch „erwischt": er ist inzwischen Nautiker bei der Wasser- und Schifffahrtsdirektion. Der Hang zur Seefahrerei wurde bei uns also sozusagen vererbt. Liegt wohl an den Genen. **Cornelia**: Ich war auch meist allein, so kann man sich ganz auf das Reiseerlebnis konzentrieren ohne durch einen Partner abgelenkt zu werden. Man fühlt sich allein an Bord nicht unwohl, da man oft nur einziger Passagier an Bord ist, im Vergleich zu Reiseformen, wo oft eher eine „Pärchenkultur" herrscht. Mit Partner kann man solch eine Reise aber auch sehr gut unternehmen, man hat genug Zeit, zu zweit zu entspannen, ohne Hektik von außen.

Cornelia, diese Frage geht jetzt ausschließlich an Dich…

Cornelia: Ja ich weiß, worauf sie zielt. „Frau an Bord"! Alleinreisender weiblicher Passagier – das ist überhaupt nicht ungewöhnlich. Geht das gut? Natürlich ist die Seefahrt immer noch eine Männerwelt. Aber Belästigungen, doofe Blicke, Anzüglichkeiten und so weiter, habe ich nie erlebt. Ich habe mich immer wohl gefühlt, sogar geborgen. An einer Bar auf der Fähre wirst Du eher schräg angequatscht, als auf einem Frachtschiff. Die Crew macht gar keinen Unterschied zwischen den Geschlechtern. Du bist Gast wie in einem Hotel auch. Im Übrigen arbeiten ja auch immer mehr Frauen an Bord als Köchinnen genau so wie als Offiziere. Auf einer Reise waren wir sogar fünf Frauen.

Womit beschäftigt man sich den ganzen Tag an Bord? Was macht für Euch den besonderen Reiz einer solchen Reise aus? Ist das nicht schrecklich langweilig?

Detlef: Ich hatte nie Probleme damit, einfach nur stundenlang aufs Wasser zu schauen, andere Schiffe und den Bordalltag zu beobachten und dabei an „Nichts" zu denken. Sehr interessant war aber auch zu sehen, wie sich schnell ein gutes Verhältnis zu den Besatzungen aufbaute.
Cornelia: Ja, man kann da wirklich interessante Gespräche mit Menschen aus aller Welt führen: Russen, Filipinos, Finnen. Einmal hatte ich einen älteren deutschen Kapitän. Der hat vielleicht Spannendes aus alten Tagen erzählt. Wie viel davon Seemannsgarn war - ich weiß es nicht. Ich finde, auf Frachtschiffen erlebt man Seefahrt authentisch und echt. Nichts ist hier zusammen gebastelt, um den Gästen Vergnügen zu bieten. Und es geht fast familiär zu. Selbst das Essen ist eher rustikal. Ich mag so etwas.
Peter: Auf einem Frachter kann ich so sein, wie ich möchte. Ich muss nicht

wie in meinem Beruf irgendeine Rolle spielen. Ich habe so viele Stress, dass ich eigentlich nur hier zum Lesen von Büchern komme. Ich kann auch stundenlang aufs Wasser gucken, ohne dass ein Schiff vorbei zieht. Und dann diese Sonnenuntergänge…

Macht mal Werbung und begründet, warum jeder eine solche Reise unternommen haben sollte!

Cornelia: Nee, das ist Quatsch. Frachtschiffreisen sind sicher nicht für „jeden" etwas. Wer allerdings einmal dorthin reisen möchte, wo Touristen sonst nicht hinkommen und erleben möchte, was Seefahrt heißt; wer Ruhe vor dem Alltag finden will und wer gerne auf sich gestellt Reisen unternimmt, statt in einer Touristenmasse zu schwimmen: der ist mit solch einer Reise gut beraten und kommt richtig auf seine Kosten. **Detlef**: Zustimmung! Ich würde auch nicht soweit gehen und sagen, dass „Jeder" einmal eine Frachtschiffreise unternehmen sollte. Eine gewisse Verbundenheit zur See ist schon Voraussetzung und wohl nur bei einem geringen Teil der Bevölkerung ausgeprägt. Die drei Top-Gründe aus meiner Sicht sind gleichwohl: erstens Erholung und Entspannung pur, zweitens Naturschauspiele von Farben, Wetter und See und drittens die herzliche Atmosphäre an Bord. **Peter**: Wer völlig frei sein möchte von allen Zwängen, der sollte es mal wagen.

Dann andersherum: wer sollte auf keinen Fall auf ein Frachtschiff steigen? Wem würdet Ihr abraten?

Peter: Wem beim Anblick von Wasser schon schlecht wird, sollte das lassen. **Cornelia**: Leuten, denen kulinarische Extravaganzen wichtig sind sowie ein Unterhaltungsprogramm und diverse Zerstreuungsmöglichkeiten erwarten. Menschen, die ungern auf eigene Faust in sonst nicht von Touristen bevölkerten Gegenden sein würden. **Detlef**: Also: Leute, die sich nicht selber beschäftigen können, sollten keine Frachtschiffreisen unternehmen. Auch ist es zunehmend schwieriger geworden, wenn keine Englischkenntnisse vorhanden sind. Erlebt habe ich auch, dass sehr alte Menschen (konnten an Land schon kaum geradeaus gehen) mitgefahren sind, nur weil sie so einen Schiffsfonds gezeichnet hatten. Ich finde, das ist zu gefährlich.

Was sind die wichtigsten „Dinge", die man mit an Bord nehmen sollte? Was gehört auf jeden Fall ins Reisegepäck?

Cornelia: Bequeme wetterfeste Kleidung und Schuhe, Kamera und Gelassenheit gegenüber Fahrplanwechseln und kapriziösen Wetterlagen. **Detlef**: Genau. Aber auch: Toleranz gegenüber anderen Nationalitäten und die Fähigkeit zu erkennen, wann man den Bordalltag stören oder die Besatzung „nerven" könnte. Vielleicht ein Mitbringsel für die Besatzung: Süßigkeiten zum Beispiel. **Peter**: Ja, Kamera und Camcorder gehören auf jeden Fall ins Reisegepäck. Und nicht so viel einpacken. Beim ersten Mal hatte ich Gepäck dabei, als wollte ich auswandern. Braucht man gar nicht. Was ich übrigens nie mitnehme sind Mittelchen gegen Seekrankheit. Nutzt sowieso nichts. Mir hat mal ein Kapitän gesagt: Wenn Du durchs Fenster guckst und Fische siehst, stimmt eh was nicht.

Wart Ihr schon mal auf einem klassischen Kreuzfahrtschiff?

Detlef: Ich bin einmal auf einem AIDA-Schiff mitgefahren. Hatte mir eigentlich „geschworen", eine derartige Reise nicht wieder zu unternehmen. Es waren für mich einfach zu viele Menschen an Bord. Auch störte mich der ständige „Trubel". Nun habe ich aber dem Wunsch meiner Lebensgefährtin entsprochen und eine Ostseerundreise auf einem MSC-Kreuzfahrtschiff geplant. Das Leben besteht eben aus Kompromissen… **Peter**: Würde mir gerne mal so ein Traumschiff von innen anschauen, zum Beispiel auf einer Schnupperreise. Ansonsten will ich mich nicht drei Mal am Tag umziehen müssen und Menschen um mich herum haben wie in einer Fußgängerzone. **Cornelia**: Nicht wirklich, nur Minikreuzfahrten auf Fährschiffen. Von dieser Reiseform bin ich mehr oder weniger abgekommen. Zu viele Menschen auf einem Haufen, es ist eher wie ein Hotel, man bekommt von der Seefahrt nicht viel mit. Nichts für mich.

Wenn Ihr gerade mal nicht auf Frachtschiffen reist, was sind dann Eure bevorzugten Reiseziele bzw. Aktivitäten?

Detlef: Ich bin sehr gerne in den Bergen und vor allem auf Madeira. **Cornelia**: Ich reise gerne nach Skandinavien. Allerdings bevorzugt an Küstenorte. Ich radele gern und fotografiere. Und was wohl? Schiffe natürlich. **Peter**: Ist ja interessant! Ich habe allein 15.000 Fotos von Schiffen gesammelt und alphabetisch sortiert. Dann gucke ich mir permanent die Webcam-Übertragungen von der Elbe an oder höre den Livestream von der Schiffsbegrüßungsanlage in Rendsburg. Die Schiffe, mit denen ich unterwegs war, verfolge ich auf Marinetraffic. Ich bin eben ein kleiner Verrückter – total auf Schifffahrt fixiert. Nun, andere sammeln Briefmarken...

Habt ihr schon weitere Reisen in Planung und wenn ja, wohin? Gibt es eine Reise, die Ihr auf jeden Fall noch Mal machen möchtet?

Detlef: Nicht Konkretes in Planung. Ich muss ja erstmal auf das Kreuzfahrtschiff... Ansonsten träume ich den Traum aller Frachtschiff-Fans: ein Mal durch den Panamakanal, das wäre schon super. **Peter**: Ich will auf jeden Fall eine Eisfahrt unternehmen. Soll ja grandios sein. Und als nächstes geht es in die norwegischen Fjorde, das steht schon fest. **Cornelia**: Aktuell nichts in Planung. Ich fahre aber definitiv wieder mit Frachtschiffen. Definitiv.

INFOBOX: FRACHTSCHIFF-REISEAGENTUREN

Nur wenige Spezialagenturen und Reedereien vermitteln Reisen auf Frachtschiffen. Sie betreiben eine aufwändige Gästebetreuung von der Auswahl des Reisegebietes und des richtigen Schiffes bis zur endgültigen Einschiffung, deren Ort und Uhrzeit in der Regel erst am Vortage wirklich feststehen. Oft genug auch darüber hinaus, etwa wenn das Schiff seine

Route ändert, ein Hafen bestreikt wird, Packeis ein Fortkommen stoppt oder andere Widrigkeiten der Seefahrt die Reise zum echten kleinen Abenteuer werden lassen. Nach Plan läuft bei diesen Reisen selten etwas. Frachtschiffreise-Agenturen stehen ihren Passagieren deshalb quasi im „standby"-Modus mit Rat und Tat zu Seite. Hier ein Überblick über die Vermittler im deutschsprachigen Raum:

REEDEREIEN:

Hamburg Süd Frachtschiffreisen
Domstraße 21, 20095 Hamburg; Telefon: +49(0)40 – 3705157; Internet: www.hamburgsued-frachtschiffreisen.de

NSB-Reisebüro (Frachtschiff-Touristik)
Violenstraße 22, 28195 Bremen; Telefon: +49(0)421 – 3388020; Internet: www.nsb-reisebuero.de

Reederei André Wieczorek
Große Elbstraße 14, 22767 Hamburg; Telefon: +49(0)40 - 3023 977 0; Internet: www.wieczorek-ship.de

HJH shipmanagement GmbH+Co. KG (Rickmers)
Gewerbestraße 3, 21781 Cadenberge; Telefon: +49(0)4777 – 9339 9; Internet: www.hjh-shipping.com, Anfragen bitte an: jens.schumacher@hjh-shipping.com

Reederei Drevin
Berenscher Heideweg 24, 27476 Cuxhaven; Telefon: +49(0)4721 – 5512690; Internet: www.reederei-drevin.de

Reederei F. Laeisz
Schiffe der Reederei sind buchbar über: Baltic Reisebüro GmbH, Lange Straße 1a, 18055 Rostock; Telefon: +49(0)381 – 4582018; Internet: www.frachtschiffreisen-rostock.de

BINNENSCHIFFE:

„Mo-Bay"

Dieter Last, Höpenweg 35, 21423 Winsen; Telefon: 0171 - 4113199; Internet: www.urlaub-binnenschiff.de

GMS „Bayerischer Wald"

Eberhard Butenhof, Hasenroth 1, 44309 Dortmund; Telefon: +49 (0231) - 3387450 oder 0171 - 8614627; Internet: www.ms-bayerischer-wald.de

MS „Michaela"

Helena & Christian Pawliczek, Bierstraße 20, 69733 Haren; Telefon: 0172 - 9276355; Internet: www.ms-michaela.de

MS „Seestern"

Schiffhandels- und Transport GmbH Seestern, Gerard-Carll Str. 14, 53424 Remagen – nur zu buchen über Agentur Pfeiffer (s. u.); Internet: www.ms-seestern.de

AGENTUREN:

Frachtschiff-Touristik Kapitän Zylmann

Mühlenstraße 2, 24376 Kappeln; Telefon: +49(0)4642 – 96550; Internet: www.zylmann.de

Internationale Frachtschiffreisen Pfeiffer

Manteuffelstraße 6, 42329 Wuppertal; Telefon: +49(0)202 – 452379; Internet: www.frachtschiffreisen-pfeiffer.de

Langsamreisen

Kiefholzstraße 20, 12435 Berlin, Telefon: +49(0)30 609 863 93-0; Internet: www.langsamreisen.de

Grimaldi-Mafratours

Seefrachtagentur für Fahrzeuge und Frachtschiffreisen (nur Schiffe der Reederei „Grimaldi"/Italien) - Schiffsmakler Manfred Franz, Hagerweg 36, 47798 Krefeld, Telefon: +49(0)2151 - 1520475; Internet: www.mafratours.eu;

Globoship

Neuengasse 30, CH-3001 Bern; Telefon: +41(0)31 - 313 00 04; Internet: www.globoship.ch

FRACHTSCHIFFREISE-ABC FÜR PASSAGIERE UND SOLCHE, DIE ES WERDEN WOLLEN

Nachfolgende Tipps und Hinweise wurden vom Autor zusammengestellt und teilweise ergänzt auf Grundlage von „Kapitän Zylmanns Bordbrief". Für die freundliche Genehmigung zur Verwendung und die perfekte Betreuung auf allen bisher unternommenen Frachtschiffreisen sei an dieser Stelle der Agentur „Frachtschiff-Touristik Zylmann" in Kappeln herzlich gedankt!

ANREISE UND ABFAHRT

Frachtschiffe fahren nicht auf die Minute genau. Strömungen und Wind, Verzögerung oder Beschleunigung der Ladungsarbeiten in den letzten Häfen, Wartezeiten vor Schleusen, Streiks, Eisgang und ähnliche Dinge mehr führen fast regelmäßig zu Ungenauigkeiten selbst im Linienverkehr. Sie sollten deswegen in den Tagen vor Ihrer Abreise guten Kontakt mit Ihrer Agentur halten. Häufig stehen genauer Abfahrtsort (Hafen, Terminal) und die Einschiffungszeit erst einen Tag vorher fest. Planen Sie Ihren Urlaub also so, dass Sie vor dem anvisierten Abreisetermin und hinterher jeweils noch ein wenig „Luft" haben. Personen mit weiter Anreise sollten besser eine Übernachtung im Hotel vor der Einschiffung einplanen, um nicht in letzter Minute an Bord zu erscheinen. Für mit dem PKW

Anreisende stehen an den meisten Liegeplätzen kostenfreie, unbewachte Parkplätze in der Nähe des Pförtners/Gates zur Verfügung.

EINSCHIFFUNG

Beachten Sie die Informationen zur Einschiffung in Ihrer Checkliste, die Sie zusammen mit den Buchungsunterlagen von Ihrem Reisevermittler erhalten werden. Es ist durchaus üblich, dass ein Schiff - nachdem Sie eingeschifft haben - nicht sofort losfährt. Da die Dauer der Ladearbeiten oft nicht gut einschätzbar ist, wird Ihnen eine sichere Einschiffungszeit genannt. Die Ladungsaktivitäten gehören zu einem Frachtschiff wie die Butter zum Brot und Sie haben so die Möglichkeit, diese aus nächster Nähe mit anzusehen.

VERHALTEN IM HAFENGEBIET

Sie werden schon bei der Ankunft im Hafen feststellen, dass hier die verschiedensten Container-Transportfahrzeuge, Kräne und LKW oft recht lebhaft rangieren. Die Sicht der Fahrer ist durch sperrige Ladungsgüter häufig eingeschränkt. Gehen Sie deshalb diesen Transportmitteln aus dem Wege. Auf den meisten Containerterminals im In- und Ausland ist das Betreten des Gebietes zwischen Schiff und Pförtner allerdings strikt verboten. Containerterminals sind auf Grund der internationalen Sicherheitsbestimmungen (ISPS: International Ship and Port Facility Security Code) hermetisch abgeriegelt. Die Terminals bieten aber einen kostenlosen Busservice (Shuttlebus) zwischen Hafentor/Gate und Schiff. Erkundigen Sie sich beim Kapitän/Offizier oder - wenn Sie von der Landseite kommen - beim Pförtner nach den Möglichkeiten und fragen Sie vor Verlassen des Schiffes, wer Ihnen den Shuttlebus rufen kann. Den Anweisungen des Kapitäns ist unbedingt Folge zu leisten. Sicherheit - auch Ihre Sicherheit - wird an Bord groß geschrieben.

GANGWAY

Bevor Sie die Gangway zum Schiff betreten, schauen Sie, ob diese gut auf der Landseite aufliegt. Die Handläufe, wenn aus Tauwerk, geben manchmal etwas nach. Schleppen Sie nicht unbedingt gleich Ihre schweren Koffer an Bord, sondern bitten Sie die Gangwaywache auf dem

Schiff, Ihnen dabei zu helfen. In der Regel sind die Crewmitglieder sehr hilfsbereit. Um Beschädigungen zu vermeiden und die Sicherheit zu gewähren, kann die Landverbindung für kurze Zeit eingezogen werden. Bitte versuchen Sie dann nicht, mit abenteuerlichem Sprung an Bord zu kommen, sondern warten Sie, bis die Gangway wieder sicher ausgebracht wurde.

ANKUNFT AN BORD

Wundern Sie sich nicht, wenn es an Deck und in den Aufbauten des Schiffes im Hafen etwas „wild" aussieht. Gerade in deutschen Häfen fallen zusätzliche Arbeiten an: Proviant und Ausrüstungsgegenstände kommen neu an Bord, Reparaturen werden durchgeführt, der Lade- und Löschbetrieb geht weiter - viele Dinge sind von wenigen Personen zu erledigen. Viel Zeit für Sie als Passagier ist da jetzt nicht. Also bitte kein „Empfangskomitee" erwarten! Richtig gemütlich wird's erst, wenn Sie das Schiff „geentert" haben. Erkundigen Sie sich nach Kapitän oder Erstem Offizier, auf großen Schiffen auch nach einem anderen Schiffsoffizier. Die Schiffsführung ist im Hafen wegen des Ladebetriebes nicht immer erreichbar. Irgendjemand, und wenn es der Gangwaywächter oder der Koch ist, wird Ihnen aber weiterhelfen und die Kabine zeigen. Der Seemann sagt übrigens Kammer, selbst zur luxuriösesten Eignersuite. Empfehlenswert ist es, für den ersten Tag Getränke mitzunehmen, da die Bordkantine erst nach dem Auslaufen wieder geöffnet wird. Gleich, nachdem das Schiff die Küste verlassen hat, wird Zeit für das Aufräumen sein, es wird ruhiger, der Bordalltag beginnt.

BORDSPRACHE UND SICHERHEITSINFORMATION

Die Seefahrt ist international, Bordsprache Englisch. Auch wenn ein deutscher Kapitän an Bord sein sollte, findet die Verständigung mit der Besatzung und den Offizieren in englischer Sprache statt. Auch die Sicherheitsinformationen werden oft nur in englischer Sprache gegeben. Ein mitgeführtes Wörterbuch kann deshalb nützlich sein. Im Übrigen behält die Reederei sich vor, deutschsprachige Kapitäne oder Schiffsoffiziere kurzfristig durch Kapitäne/Offiziere anderer Nationen zu ersetzen – oder umgekehrt.

REISEPAPIERE

Ein gültiger Reisepass ist für alle Frachtschiffreisen, auch innerhalb der EU, zwingend erforderlich. Aufgrund der erhöhten internationalen Sicherheitsvorschriften haben die Hafenbehörden das Recht, den Reisepass zu kontrollieren. Einige Länder fordern eine sechsmonatige, in Ausnahmen sogar zwölfmonatige Gültigkeit des Reisepasses ab Einreisedatum. Falls für Ihre Reise notwendig, haben Sie rechtzeitig vor Beginn der Reise an Visa und Impfungen gedacht. Ihr Reiseveranstalter wird Sie darauf hinweisen. Ihren Reisepass händigen Sie dem Kapitän oder zuständigen Schiffsoffizier aus, er benötigt diese Unterlagen schon vor Verlassen des Hafens für die Behörden. Fragen Sie hier am besten auch gleich, ob die Auslaufzeit schon bekannt ist - und für den Fall, dass Sie noch einmal an Land möchten, wann Sie spätestens zurück sein müssen.

DEVIATIONSVERSICHERUNG

Die Reisevermittler schließen für den Passagier zwingend eine Deviationsversicherung ab. Dies ist die Versicherung, die die Kosten abdeckt, die der Reederei entstehen, wenn das Schiff gezwungen ist, den Kurs zu ändern, um z.B. bei Krankheit oder Unfall des Versicherten den nächsten Hafen anzulaufen. Die Höhe richtet sich nach der Schiffsgröße, der Route und dem Alter des Versicherten. Behandlungs- und Transportkosten für die Versicherte Person sind durch die Deviationsversicherung nicht abgedeckt! Hier empfiehlt es sich, eine gesonderte Reiseversicherung abzuschließen.

KABINE/KAMMER

Für Bettzeug, Handtücher und Reinigungsmittel ist bei Bezug der Kabine/Kammer schon gesorgt. Sonst fragen Sie den Steward oder ein Besatzungsmitglied danach. Ein Kabinen-Stewardservice ist fast bei keiner Reederei üblich oder möglich, und nicht im Preis inbegriffen. Der Passagier hält seine Kabine also selbst in Ordnung. Dafür stehen die Hilfsmittel zur Verfügung. Auch wenn auf großen Schiffen ein Steward an Bord ist, hat dieser in der Regel einen Arbeitsbereich, der einen zusätzlichen Kabinenservice für Passagiere kaum zulässt. Er hält Messe und Gänge in Ordnung und betreut die Kabinen der arbeitenden

Besatzung. Frachtschiffreisen können heute nur zu akzeptablen Preisen angeboten werden, wenn auf zusätzliches Personal wegen der Mitnahme von Passagieren verzichtet wird. Das ist eine Grundvoraussetzung dafür, dass heute Frachtschiffreisen wieder möglich sind.

In einigen Häfen oder den Schleusen des Nord-Ostsee-Kanals findet ein „fliegender Wechsel" der Passagiere statt. Während Sie von Bord gehen, stehen schon die Nachfolger an der Pier. Sie sollten in solchen Fällen die Kabine bereits rechtzeitig vor der Ankunft räumen. So hat ein Besatzungsmitglied die Möglichkeit, die Kabine vor dem Eintreffen der neuen Gäste vorzubereiten. Man wird es Ihnen danken. Im Hafen laufen ständig die Hilfsdiesel zur Stromerzeugung. Viele Passagiere lieben das beruhigende Brummen dieser Maschinen. Besonders geräuschempfindliche Passagiere sollten allerdings sicherheitshalber Ohropax mit auf die Reise zu nehmen. Auch werden Sie sich in der Regel mit einer ständig laufenden Klimaanlage anfreunden müssen. Nicht immer lassen sich die Fenster („Bullaugen") für Frischluft öffnen.

EIN TIPP

Übrigens, ein Tipp zur Kabinentür: Sie werden später auf See bemerken, dass Ihre geschlossene Tür signalisiert „ich möchte niemanden sprechen", die offene Tür aber: „hier darf mal jemand hereinschauen". Sollten Sie Wert darauf legen, einen ganzen Tag lang ungestört zu sein, geben Sie der Besatzung nur einen kurzen Hinweis. So muss sich niemand Sorgen um Sie machen.

MAHLZEITEN

Die Mahlzeiten werden auf den meisten Schiffen in der Offiziersmesse eingenommen. Die Essens- und Kaffeezeiten sind in der Regel:

07.30 - 08.30 Frühstück
10.00 „Teatime" (Tee oder Kaffee)
11.30 - 12.30 Mittagessen
15.00 Kaffee
17.30 - 18.30 Abendbrot

Auf kleinen Schiffen mit begrenztem Platz in der Messe nimmt man die Mahlzeiten gelegentlich in zwei Gruppen ein. Man wird Ihnen die Zeiten an Bord nennen. Auf einigen - meist kleineren - Schiffen ist die Ausstattung der Messe nach Seemannsart einfach. Da kann die Tischdecke schon mal aus pflegeleichtem Plastik oder der Zuckerbehälter ein ehemaliges Marmeladenglas sein. Es handelt sich eben um Messen auf Arbeitsschiffen. Sie nehmen an der normalen Bordverpflegung teil, welche auch Kapitän, Offiziere und Mannschaften ohne Unterschied bekommen. Tischwein ist auf Schiffen deutscher Reedereien nicht üblich, Kaffee zum Frühstück oder Tee zum Abendbrot jedoch schon. Der Koch muss nach einem Plan kochen, der es ihm erlaubt, bis zur nächsten Verproviantierung des Schiffes möglichst gleichmäßig mit allen Dingen auszukommen. Morgens und abends gibt es auf Schiffen deutscher Reedereien neben dem üblichen Brot, Marmelade und Aufschnitt fast immer auch etwas deftiges Warmes (Spiegelei, Würstchen, Pfannkuchen usw.). Es gibt an Bord keine Kleiderordnung. Halbbekleidet sollte man aber zum Essen nicht unbedingt erscheinen. Bitte geben Sie dem Koch rechtzeitig Bescheid, wenn Sie an einer Mahlzeit nicht teilnehmen möchten.

KINDER

Ein Frachtschiff ist nicht wirklich der richtige Aufenthaltsort für kleinere Kinder, da es von seinen Einrichtungen her auf kleine Gäste nicht eingestellt ist. Deshalb wird oft ein Mindestalter (z. B. 6 Jahre) gefordert. Kinder müssen sich mehr bewegen als Erwachsene. Denken Sie aber bitte daran: auf dem Schiff herrscht ein Rund-um-die-Uhr-Betrieb. Bedingt durch das Wachsystem müssen ein Teil der Besatzung und Offiziere auch tagsüber schlafen. Selbst lautes Sprechen in den Gängen kann dann schon stören.

HAUSTIERE

Hund, Katz & Co. müssen zu Hause bleiben. Haustiere sind auf Frachtschiffen nicht gestattet.

SEEGANG

Seegang kann zu jeder Jahreszeit in allen Fahrtgebieten vorkommen, auch wenn kein Sturm herrscht. Man spricht vom „Rollen", wenn das Schiff sich um die Längsachse bewegt und vom „Stampfen" bei Bewegungen um die Querachse („Fahrstuhl"). Seeleute und Passagiere richten sich darauf ein: Alle Türen auf dem Schiff lassen sich auch in geöffnetem Zustand festhaken. Achten Sie darauf, dass die Türen besonders während des Auslaufens und auf See gut eingehakt oder geschlossen sind, da sie sonst im Seegang schlagen. Schon wenn Sie sich in der Kabine einrichten, sollten Sie alle Dinge so stellen und legen, dass diese für den Fall, dass das Schiff später schaukelt, nicht herunterfallen können. Stühle lassen sich auf vielen Schiffen festsetzen. Man kann Ihnen die Vorrichtung dafür erklären. Das Tragen von rutschfesten Schuhen ist vorteilhaft. Die Außendecks und Treppen sind bei Regen oder selbst bei Sonnenschein vom Salzwasserspray schnell rutschig. Wenn es stärker schaukelt, benutzen Sie besser die Innentreppen. Bei Fahrten mit Schnee und Eis im Winter ist es Passagieren zum Teil zur eigenen Sicherheit untersagt, die Außentreppen zu benutzen.

Die Außendecks können schmutzig sein. Die Mannschaft wird Ihnen dankbar sein, wenn Sie die an den Türen ausgelegten Fußmatten ausgiebig nutzen. Fahrstühle gibt es auf Frachtschiffen sehr selten und Sie müssen Treppen über viele Decks bewältigen können. Sie sollten daher uneingeschränkt gehfähig und gesundheitlich fit für eine Seereise ohne Schiffsarzt sein. Fragen Sie vor der Reise Ihren Arzt nach aktuellen Empfehlungen gegen Seekrankheit. Auch Zäpfchen können hilfreich sein.

Bei den meisten Menschen vergeht die Seekrankheit, wenn sie überhaupt auftritt, sehr schnell wieder. Außerdem schaukeln Schiffe ja nicht immer…

GESUNDHEIT

Eine Frachtschiffreise sollte man nur in guter körperlicher Verfassung antreten. Es wird kein Arzt an Bord Ihres Frachtschiffes sein! Uneingeschränkte Gehfähigkeit ist für jeden Passagier Voraussetzung. Eine Bordapotheke ist vorhanden, der Kapitän und die Offiziere können im Notfall eine Erstbehandlung durchführen, bis ärztliche Hilfe erreichbar ist. Üblich ist, dass die Reedereien für Passagiere ab 65 Jahre vor Reisebeginn ein aktuelles ärztliches Attest verlangen. Bei manchen längeren Reisen ist für alle Passagiere ein ärztliches Attest erforderlich.

FREIZEIT AN BORD

Wichtigste Regel: Für Freizeitgestaltung und Unterhaltung ist jeder Passagier selbst verantwortlich. Nehmen Sie genügend Lesestoff mit! Das ist heutzutage im Zeitalter der eBooks auch ohne schweres Gepäck fast unbegrenzt möglich. Auf den meisten Schiffen gibt es in der Offiziersmesse zusätzlich zum Fernseher ein DVD- oder Videogerät. So ist es auch weit draußen auf See möglich, einen Film zu sehen. Radio und Fernsehen haben auf hoher See bis auf wenige Ausnahmen keinen Empfang und sind in Küstenähe und in den Häfen gelegentlich gestört. Die Fernseh- und Videogeräte stehen normalerweise in der Offiziersmesse oder dem Offiziersaufenthaltsraum, also nicht in den Kabinen. Vielleicht gibt es dort aber einen CD-Player, so dass Sie Ihre Lieblingsmusik hören können. Stromversorgung: 220 V und die in Deutschland üblichen Schuko-/Eurosteckdosen sind vorhanden. Für die Radioantenne ist in vielen Kabinen eine übliche Antennensteckdose installiert. Auf größeren Schiffen sind gelegentlich Schwimmbad und Fitnessraum oder sogar eine Sauna für die Freizeit der Besatzung auf langen Seetörns vorhanden, die Sie mitbenutzen können. Bei stärkerem Seegang ist die Benutzung des Schwimmbades natürlich nicht möglich. Eine interessante Abwechslung bietet ein Rundgang durch den Maschinenraum. Der „Chief" (Chefingenieur) zeigt Ihnen gerne alles nach vorheriger Verabredung.

KOMMANDOBRÜCKE

Der Besuch der Kommandobrücke ist generell und in der Regel ohne Einschränkungen möglich. Denken Sie aber bitte immer daran, dass die Brücke ein Arbeitsraum – man könnte fast sagen Büroraum - ist und die Offiziere bzw. der Kapitän dort neben der Wache auch telefonieren und wichtige Planungs- und Verwaltungsarbeiten erledigen müssen. Bei einem Brückenbesuch außerhalb der Seestrecken (bei Kanalfahrten, Flussfahrten und Hafenansteuerungen, meistens mit Lotsen an Bord) sollten sich Besucher im Hintergrund halten und nicht stören. Übrigens: Sollten Sie auf See die Brücke betreten, dann ist Anklopfen nicht üblich. Man grüßt - besonders in der Dunkelheit - gerade so laut, dass man verstanden und bemerkt wird - und wartet in einer „toten Ecke" erst mal ab, bis sich die Augen an die Dunkelheit gewöhnt haben. Meistens - und besonders wenn um das Schiff herum „etwas los ist" - spricht man in gedämpftem Ton, so, dass das Ohr von Steuermann oder Kapitän immer noch den Sprechfunk wahrnimmt. Die beste Aussicht ist nur halb so schön ohne ein gutes Fernglas. Da die Ferngläser auf der Brücke wichtige Arbeitsgeräte der Nautiker sind, können diese nicht an Passagiere verliehen werden. Falls Ihnen daran liegt, bringen Sie also bitte Ihr eigenes Fernglas mit.

TRINKGELD

Grundsätzlich müssen Sie an Bord kein Trinkgeld geben! Wenn Sie jedoch Besatzungsmitgliedern etwas zukommen lassen wollen, fragen Sie den Kapitän nach einer Gemeinschaftskasse oder Idee (zum Beispiel eine „Runde" Eis vom Schleusenkiosk). Manche Passagiere bringen auch DVDs für die Besatzung mit. Viel Freude bereiten auch später über die Reederei zugeschickte Fotoabzüge oder Foto-CDs, sollten Sie die Besatzung fotografiert haben.

GEFAHRENZONEN

Meiden sollten Sie die Decks neben den Luken bzw. Laderäumen, solange im Hafen dort gearbeitet wird (erhöhte Unfallgefahr). Das gilt auch während des An- und Ablegens besonders für Vor- und Achterdeck, das sind die Plätze, an denen sich die Festmacheleinen befinden. Die Arbeit mit den schweren Leinen ist selbst für Seeleute nicht ungefährlich. Sehr gut beobachten können Sie alles von den höheren Decks der Schiffsaufbauten. Während der Fahrt bei ruhiger See ist ein Aufenthalt auf dem Vorschiff ein besonderes Erlebnis. Auf den meisten Schiffen ist es aus Sicherheitsgründen üblich, sich auf der Brücke abzumelden, wenn Sie das Vorschiff aufsuchen möchten.

LANDGANG

In den meisten Häfen ist Landgang möglich. Örtliche Vorschriften, behördliche Anordnungen oder andere Umstände können jedoch dazu führen, dass in Häfen oder Ladeplätzen, die vom Schiff angelaufen werden, Landgang nicht möglich ist. Auch kann es vorkommen, dass ein Schiff auf der Reede (außerhalb des Hafens) warten muss oder dort sogar be- und entladen wird. Landgang ist dann gar nicht möglich oder kostet eventuell eine Extragebühr für das Wassertaxi. Zur Dauer der Landgänge können keine allgemein gültigen Angaben gemacht werden. Sie kann zwischen einigen Stunden und 1-2 Tagen je nach Fahrtgebiet, Schiff oder Ladungsaufkommen dauern. Die Dauer richtet sich nach der Ankunftszeit, der Menge der zu bearbeitenden Ladung, den Besonderheiten des Ladeplatzes und den zur Verfügung stehenden Kränen und Arbeitskräften. Der Kapitän kann deswegen erst bei Ankunft Zeiten nennen. Die Schiffe können auch nachts ein- und auslaufen. Die Liegeplätze befinden sich nicht in allen Häfen dicht am Stadtzentrum, sondern oft ziemlich weit draußen. Fragen Sie an Bord nach Tipps, wie Sie am besten in die Stadt kommen. Erkundigen Sie sich vor dem Landausflug bei der Schiffsführung, wann Sie wieder an Bord sein müssen. Es wäre schade, wenn das Schiff ohne Sie weiter fährt. Das Schiff kann auf einzelne Personen nicht warten. Schreiben Sie sich die Bezeichnung des Liegeplatzes (eventuell in Landessprache) und für den Notfall die Adresse/Telefonnummer der Schifffahrtsagentur sowie die Schiffstelefonnummer auf. Hinterlassen Sie die Nummer Ihres Handys bei der Schiffsführung, damit Sie notfalls erreichbar sind.

Es gibt leider einige Häfen in der Welt, in denen die Kriminalitätsrate, bedingt durch große Armut in den Ländern, recht hoch ist. Das gilt besonders für von Touristen stark besuchte Plätze. In einigen

Hafenstädten ist es vorteilhaft, Schmuck, Armbanduhren, Handtaschen etc. nicht offen zu tragen. Geld und Wertsachen sind besser aufgehoben in eng anliegenden Taschen der Kleidung. Seeleute verteilen ihr Geld für den Landgang an verschiedene Stellen. Zwar ist das Geld bei Rückkehr an Bord auch „alle", aber wenigsten selbst ausgegeben. Wenn Sie einen besonderen Wunsch haben, zum Beispiel einen Wagen im Hafen mieten möchten, dann geben Sie diesen Wunsch rechtzeitig an Bord bekannt. Man kann unter Umständen (aber nicht immer) die Hafenagentur bitten, für Sie Prospekte der örtlichen Firmen mitzubringen oder sogar den Wagen schon bestellen. Die Führerscheinvorschriften in den Ländern sind unterschiedlich.

LANGFINGER IN DEN HÄFEN

Zu schnell sind Langfinger am Werke, nicht nur in exotischen Häfen. Einige Bemerkungen zu Ihrer Kabine: vergessen Sie in den Häfen möglichst nie, vor dem Verlassen der Kabine die Tür abzuschließen und die Fenster zu verriegeln. Auch wenn Sie während der Liegezeit im Hafen in der Kabine schlafen, sollten Sie die Tür von innen verriegeln. Um sich vor dem „schnellen Griff" zu schützen, ist es auch gut, den Schrank, in dem Sie z.B. Ihren Fotoapparat aufbewahren, zusätzlich abzuschließen. Auf See ist das alles nicht notwendig, Seeleute sind „ehrliche Häute".

WERTSACHEN UND ZOLL

Wertsachen wie Schmuck, Geld oder Schecks geben Sie am besten gegen Quittung dem Kapitän zur Aufbewahrung - auf größeren Schiffen verfügt er über einen Safe. Bedenken Sie jedoch, dass auch der Inhalt des Tresors nur sehr begrenzt gegen Diebstahl etc, versichert ist. Spirituosen, Tabak, Devisen, Fotoausrüstung und andere Wertsachen müssen bei Ankunft in den Häfen auf einer so genannten Zollliste deklariert werden. Fragen Sie im Einzelfall, was eingetragen werden muss, damit Ihnen der Zoll nicht böse ist, falls Sie etwas nicht aufgeführt haben. Nehmen Sie neuwertige Geräte mit auf die Reise, dann lassen Sie sich vom Zoll im Heimatland schon vor Antritt der Reise einen Vermerk geben oder führen die Kaufquittung mit. So werden Sie bei der Wiedereinfuhr keine Schwierigkeiten bekommen.

KANTINE

Getränke und Tabakwaren gibt es beim Kapitän oder Steward zu kaufen. Nicht immer kann das gleich an Ihrem Ankunftstag möglich sein, da eventuell die Räume vom Zoll versiegelt wurden oder im Hafen keine Zeit dafür ist. Spirituosen sind nicht auf allen Schiffen zu bekommen. Wein und Pfeifentabak findet man selten, Bier ist dagegen auf den meisten Schiffen kein Problem. Die Kantinenwaren werden bar beglichen oder nach einem einfachen Ticketsystem an Bord abgerechnet. In jedem Falle sollten Sie für diese Dinge (und eventuelle Telefongespräche) genug Bargeld in Bordwährung mitführen, da an Bord EC-, Kreditkarten oder Traveller Checks nicht akzeptiert werden können. Auf dem Schiff gibt es keinen Laden und der Weg zu einem Geschäft im Hafen kann weit sein. Überlegen Sie deshalb vor Ihrer Reise, welche Dinge Ihnen lieb und wichtig sind, die Sie unbedingt dabei haben möchten (z. B. eine Flasche guten Weins...).

WASCHEN

Eine Waschgelegenheit, das heißt Waschmaschine, Wäschetrockner, Trockenraum etc. finden Sie auf jedem Schiff. Die Benutzung ist bordintern geregelt. Fragen Sie dort.

ZAHLUNGSMITTEL

Euro, US-Dollar und evtl. andere Devisen für die Landausflüge sollten Sie in kleinen Scheinen dabei haben. Wenn Sie nicht gleich die Möglichkeit haben, Ihr Geld in Landeswährung zu tauschen, kommen Sie mit kleinen Scheinen besser zurecht als mit großen Banknoten. Wenn Sie außerhalb der Geschäftszeiten an Land gehen, bleiben nur die größeren Hotels der Stadt, in denen vielleicht getauscht wird. Deswegen ist es ratsam, für jedes anzulaufende Land, die Devisenmenge mit auf die Reise zu nehmen, die Sie für einen ersten Landgang benötigen.

KOMMUNIKATION

Das Benutzen der bordeigenen Kommunikationsmittel ist nur in Ausnahmefällen möglich. Die dafür anfallenden Gebühren werden an Bord vom Passagier direkt bezahlt. Ein Handy mitzunehmen, ist sehr zu raten. Handys funktionieren allerdings nur im Küstenbereich und nicht in allen Ländern. Am besten informieren Sie sich vor Reisebeginn bei Ihrem Mobilfunkanbieter, in welchen Mobilfunknetzen im Ausland die Funktionsfähigkeit Ihres Handys gewährleistet ist. Viele Passagiere nutzen im Ausland Internetcafés. Große Hotels und Postämter bieten oft die Möglichkeit, bequem zu telefonieren oder Faxe und E-Mails zu verschicken. Ein Internetzugang steht auf den Schiffen in den seltensten Fällen zur Verfügung. Und aufgepasst beim mobilen Surfen mit Notebook und Co. im Ausland! Die Gebührenrechnung daheim hat schon manchen erschrocken.

ESSEN UND TRINKEN

Essen und Trinken auf einem Frachtschiff, wie hat man sich das vorzustellen? Natürlich wird sich längst nicht mehr an den aus der christlichen Seefahrt überlieferten Speiseplan gehalten, wonach an jedem Tag ein bestimmtes Gericht gekocht wird, an dessen Duft die Seeleute den Wochentag erschnuppern können: Freitags Fisch, Samstags Eintopf, Sonntags Brathähnchen usw. Und auch die so genannte "Speiserolle", die in Form einer Rechtsverordnung aus den fünfziger Jahren noch bis zum 31. Juli 2013 Gültigkeit hatte, ist längst nicht mehr das (Mindest)maß aller Dinge. Aber die Tradition des „Seemannssonntags", der in Wahrheit gar keiner ist, wird noch gepflegt. Was es damit auf sich hat? Der „Seemannssonntag" ist immer der Donnerstag und da gibt es besonders gutes Essen, eben den „Sonntagsbraten". Zum Nachtisch wird oft Eis serviert und nachmittags dann Kuchen zum Kaffee. Woher diese Tradition genau stammt, ist nicht ganz klar. Eine Erklärung ist, dass früher Segelschiffe grundsätzlich nicht freitags ausliefen, weil dies Unheil brächte. Seeleute sind mitunter abergläubische Zeitgenossen. Also gab es donnerstags vorm Ablegen noch Mal gutes Essen. Andere führen die Tradition gar auf nordische Bräuche zurück, wonach der „Thorstag" mit ausgiebigem Essen begangen werden muss. Immerhin verspeiste

Donnergott Thor die beiden Gespann-Ziegenböcke seines Wagens, um sie anschließend wiedererstehen zu lassen. Urkundlich wird dieser Brauch jedenfalls in den Hamburger „Artikelsbriefen" von 1727 erwähnt. Wie dem auch sei.

Zurück in die Jetztzeit mit fünf Anmerkungen zum Thema. Erstens: Ein Frachtschiff ist kein Luxusliner und die Kombüse keine 3-Sterne-Küche. Aber: Mahlzeiten sind schon wegen der Abwechslung für die Seeleute wichtig. In seinen Lebenserinnerungen „Aus meinem Logbuch" bringt es Kapitän Harry Banaszak auf den Punkt: „Der Bordalltag hält uns gefangen, Wachen teilen die Tage. Nur das Wetter unterbricht die Monotonie, und das Essen beschert die Höhepunkte. Hier schafft der Koch die gute Laune: Er macht das Klima an Bord." Es wird also gut und vielfältig aufgekocht. Zweitens: Es geht immer noch deftig zu, auch wenn der Anteil schwerer körperlicher Arbeit insbesondere der Offiziere deutlich weniger geworden ist. Drei Mal warmes Essen, das ist normal. Mit der Internationalität der Crews sind zudem unterschiedliche Esskulturen und Vorlieben an Bord. So kommt es auch mal zu etwas ungewohnten und eigenwilligen Zusammenstellungen des Smutje. Drittens: Als Passagier muss man sich ja nicht mästen lassen. Salate und frisches Obst stehen immer bereit und morgens reicht ja auch ein Toast mit Marmelade oder ein Jogurt. Viertens: Im Übrigen ist Selbstversorgung angesagt. Heißes Wasser für einen Tee, gekühlte Getränke, Säfte, Kaffee usw. stehen rund um die Uhr bereit. Und niemand hat etwas dagegen, wenn man an den Kühlschrank geht, und sich einen Snack zubereitet. Fünftens: Alkohol ist fast Tabu. Alkoholische Getränke hält der Kapitän unter Verschluss, notiert akribisch, wer wie viel davon kauft. Bier ist immer an Bord und allerdings nur Kistenweise zollfrei zu erstehen; wer einen guten Wein schätzt, sollte sich ein paar Flaschen ins Gepäck legen.

In dem sehr lesenswerten Buch "Kombüsengold" (32 Rezepte und Herdgeschichten von See) heißt es: "Der Koch ... rührt den Teig, der alles zusammenhält. Die Crew in ihren einzelnen Teilen, alles als Einheit. Dauerhaft schlechtes Essen untergräbt die Moral jeder Mannschaft." Reedereien lassen bisweilen die Crew Bewertungsbögen ausfüllen: da muss ein Koch dann auch schon mal gehen und ein neuer in die Galley. Reederein legen aber auch den Tagessatz fest, mit dem ein Koch dann kalkulieren muss, wenn er seinem Kapitän die Einkaufsliste vorlegt. Mit Beträgen von sechs bis sieben Euro pro Kopf und Person sind da edelkulinarische 5-Sterne-Menus sicher nicht drin. In dem Buch über die Essenskultur im 21. Jahrhundert auf Frachtschiffen gibt Schiffskoch Matthew Carroll aus den USA zum Besten: "Ich möchte, dass die Leute essen, was ich ihnen koche. Und nicht, dass sie es fotografieren.".

Auf den Reisen mit EMMA, CONGER, HELMUT, FRANK W und ALEXANDER VON HUMBOLDT habe ich das kulinarische Angebot mitprotokolliert. Zum Frühstück gab es auf allen Schiffen Brot, Brötchen, Toast und dazu Aufschnitt, Käse und Marmelade, Kaffee und Tee. Aber frühmorgens eben auch Spiegeleier, Rührei, Omelett, überbackenen Toast, Bockwurst, Bratwurst, Porridge, Baked Beans – je nachdem. Wie erwähnt: man kann sich Warmes vom Cookie zubereiten lassen, oder eben auch nicht. Hier nun eine Auswahl von Gerichten zu Supper und Lunch, wobei die Mittagsmenus immer mit einer Suppe beginnen. „Guten Appetit" oder „Gut Äppeteit", wie die Seeleute gerne kauderwelschen!

I. Köchin Ludmilla aus Klaipeda auf der EMMA:

Salat, Hähnchenkeulen oder Schnitzel, Salzkartoffeln, Pilzragout, Kuchen - Gemüsesuppe, Frikadellen, Makkaroni, Salat, rote Beete, Eis - Bratfisch, Rote Beete-Salat, Gemüsereis, eingelegter Hering - Kartoffelsuppe mit

Hackbällchen, Putenragout, Kartoffeln, Salzgurken, Salat - Rinderfilet süßsauer, Nudeln, Salat, Salzgurken - Hühnersuppe, Hackfleischsauce mit Nudeln - Bratfisch mit Salzkartoffeln - Heringssalat, Schweinebraten mit Reis und Ratatouille - Zwiebelsuppe, Rippchen mit Kartoffelbrei, Salat, Käsekuchen - Hühnchen mit Reis und Mango-Chutney - Hühnersuppe, Krautwickel, Sülze, Weintrauben - Schnitzel mit Pommes Frites, Salat - Giros, Salat, Nudeln

II. Koch Bagcatin Prian Forel von den Philippinen auf der CONGER:

Gemüsesuppe, scharfes Hühnercurry, Salat - Tafelspitz, Paprikagemüse, Kartoffeln, Obst - Rindfleischgemüsesuppe, gebackenes Hähnchen, Kroketten, Salat - Penne mit Bolognesesoße, Knoblauchweißbrot, Bananen - Hühnersuppe, Bandnudeln mit Pilzsoße - Barbecue-Party - Rippchen, Broccoli, Kartoffeln, Melone - Rinderzunge, Kartoffelbrei, Salat - Bohnensuppe, Knoblauchhühnchen, Reis, Salat - Spaghetti mit Fleischsoße - Gemüsesuppe mit Bockwurst; Bratfisch, Salat, gebackene Kartoffeln, Obst - Frikadelle, Gurkensalat, Kartoffeln - Fischsuppe, Hühnchen mit Chilisoße, Gemüse, Reis

III. Koch Benito Lompot von den Philippinen auf der HELMUT:

Hühnersuppe, Tomatensalat, Entenkeule mit Kartofen und Rotkohl, Eis - Brot, Wurst, Käse, Rohkost, gekochte Eier, süßsauer Eingelegtes, Lachs, Geflügelsalat - Spargelcremesuppe, Grünkohl mit Bauchfleisch und Bregenwurst, Birnen - Leber, Zwiebeln, Apfelmus, Kartoffelbrei - Gemüsesuppe, gekochtes Rindfleisch, Kartoffeln, Blumenkohl, Pampelmuse - Rinderstreifen gebraten mit Paprika - Rinderbrühe, Hühnerfrikassee, Reis, Mungo-Chutney, Tomatensalat, Weintrauben - Currywurst, Pommes, Tomatensalat - Asiatische Glasnudelsuppe, Rindfleisch mit Nudeln und Pilzen, Eis - Gemüsesuppe, Grillhähnchen, Salat, Obst - Spaghetti Bolognese - Eintopf, Bockwürstchen, Baguette, Melone - Frikadelle mit Kartoffelbrei und Pilzen - Gemüsesuppe, Hähnchenschenkel, Rosenkohl, Kartoffeln, Eis, Kuchen - Rinderbouillon, Kohlroulade mit Kartoffenbrei, gemischter Salat, Apfelsine - Pizza, gegrillter Lachs, Skampis - Nudelsuppe, Fisch süßsauer mit Reis, Kiwi -

Schnitzel mit Gemüse und Pommes - Grillhähnchen, Brokkoli, Kartoffeln, gemischter Salat, Honigmelone - Rindersteak mit Pilzen und Nudeln, Salat - Fisch (kalt), gekochte Eier, Tomatensalat - Suppe, Kartoffelpuffer mit Apfelmus

IV. Koch Vistor Ossom aus Ghana auf der FRANK W:

Spaghetti Bolognese, Wassermelone - Hähnchenfilet überbacken mit Gemüsereis und gemischtem Salat - Rinderroulade mit Rosenkohl und Kartoffeln, Ananas - Calamari fritti mit gemischtem Salat - Kartoffelsuppe, Honigmelone - Chickennuggets mit Nudeln und Dip - Zwiebelsuppe, Hähnchenbrustfilet mit Gemüse, Eis - Lachsfilet mit Gemüsereis, Kuchen - Rindergulasch mit Bohnen und Spaghetti, Ananas - Hühnercurry mit Reis - Boeuf Stroganov mit Gemüse, Pfirsich - Schweineschnitzel mit Pommes und Salat - Kochfisch mit gemischtem Salat - Schweinebraten mit Erbsengemüse und Kartoffeln, Ananas - Frikadelle mit Nudeln und Salat - Linseneintopf, Pfirsich - Bratfisch mit Pommes und Salat

V. Koch TimTim Edgar von den Philippinen auf der CMA CGM ALEXANDER VON HUMBOLDT

Schweinefilet mit Reis und grünen Bohnen - Linseneintopf - Lachsfilet mit Spinat - Pfannkuchen - Fischsuppe - Heilbutt mit Polenta - Bandnudeln mit Fleisch - Kuchen - Hühnchen mit mediterranem Gemüse - Frühlingsrollen mit Salat - Tintenfischrisotto - Pilzsuppe - Gulasch mit Kartoffelpüree und Brokoli - Lamm mit Pfefferminzsoße und gebackenen Kartoffeln - Apfelstrudel - Bohnensuppe - Schweinebraten mit Zuccini - Nudelsuppe - Spaghetti Carbonara - Pizza - Pudding - Roastbeef mit Kartoffeln und Schmortomaten - Brathuhn mit Reis und Bohnen - Lammragout mit Erbsen und Reis - Tafelspitz mit Gemüse - gegrillter Lachs mit Spinat - Schnitzel mit Gemüse - Cordonbleu mit Kartoffeln - Spaghetti mit Thunfischbolognese - Barbecueparty mit Spanferkel und Bufett

BÜCHERKISTE:

Natürlich gibt es nicht nur dieses Buch über touristisches Reisen auf Frachtern! Nachfolgend ist deshalb eine Liste von Büchern zum Thema zusammengestellt, die Lust auf Meer, vor allem auf noch mehr Frachtschiffreisen, machen (können…). An dieser Stelle sollen allerdings keine Bewertungen von Büchern anderer Autoren vorgenommen und auch keine Rezensionen geschrieben werden. Stattdessen zwei Empfehlungen und eine kleine „Warnung": hilfreich für alle Landratten, die an Bord gehen wollen, ist der kleine Leitfaden von Kapitän Gödde, in dem leicht verständlich die Gepflogenheiten auf einem Frachtschiff, der Schiffsbetrieb, Nautik und Technik vom Fachmann erklärt werden. Das bebilderte Büchlein ist zur Mitnahme als Reiselektüre deshalb prima geeignet und Empfehlung Nummer eins. Zur Einstimmung wie Nachbereitung einer Seereise sei auch das Buch über Frachtschiffreisen von Journalist und Seebär Peer Schmidt-Walther empfohlen. Opulent ausgestattet mit Reportagen von Reisen rund um den Globus, gespickt mit viel Hintergrundinformationen und durchweg vierfarbig bebildet ist diese Kiloware die Empfehlung Nummer zwei. Die „Warnung"? Nicht viel Freude bereiten Bücher von Gelegenheitsautoren, die mit ihren bisweilen langatmigen privaten Reiseerinnerungen, stilistisch nicht über Schulaufsatz-Niveau hinauskommend - und dann auch noch für teuer Geld - die Menschheit beglücken wollen. Also einfach mal in die Leseproben einsteigen, die Rezensionen anderer zu Gemüte führen und sich selbst eine Meinung bilden.

Peer Schmidt-Walther: Frachtschiffreisen – Als Passagier an Bord; Koehlers Verlagsgesellschaft, Hamburg 2014 (gebunden, 216 Seiten, 24,95 €)

Kapitän Kay-Henrik Gödde: Frachtschiffreisen verstehen; Verlag Frachtschifftouristik Zylmann, Maasholm 2008 (Taschenbuch, 100 Seiten, 11,95 €)

Evelyn Freitag: Frachtschiffreise – Das größte Abenteuer meines Lebens; Books on Demand 2003 (gebunden, 268 Seiten, 17,80 €; auch als eBook für 13,99 €)

Evelyn Freitag: Frachtschiffreise nach Australien – Zwischen Containern um die Welt; Books on Demand 2005 (gebunden, 292 Seiten, 18,95 €)

Brigitte Karin Becker: Jeden Abend Captain's Dinner – Auf Frachtschiffen durch Nord- und Ostsee; Edition Karo, Berlin 2010 (Broschur, 122 Seiten, 14 €)

Anne Masberg: Als Frau zwischen Containern um die Welt – Mit Landausflügen in Neuseeland und Australien; Wiesenburg Verlag, Schweinfurt 2008 (gebunden, 250 Seiten, 19,80 €)

Franz Hammerbacher: Passagen; KONNEX Edition Korrespondenzen, Wien 2012 (gebunden, 158 Seiten, 18 €)

Peer Schmidt-Walther: Erlebnisreisen auf Nord- und Ostsee: Unterwegs mit Frachter, Fähren, Seglern und Hausbooten; Koehlers Verlagsgesellschaft, Hamburg 2012 (gebunden, 184 Seiten, 19,95 €)

Lutz Woitas: Faszination Seefahrt; Amazon CreateSpace 2013 (Taschenbuch, 172 Seiten, 9,53 € auch als Kindle-eBook für 3,87 €)

Klaus Otersen: Als Frau allein unter 28 Männern: Mit Deutschlands größtem Frachtschiff über den Ozean; Books on Demand 2009 (broschiert, 104 Seiten, 19,80 € auch als Kindle-eBook für 15,99 €)

Majara Molitor: Leinen los ... Schiff ahoi - Auf einem Containerschiff nach New York; (Kindle-eBook 2011, 250 kb, 8,67 €)

Andreas Haag: Wellen, Wind und Kühlcontainer: Als Passagier per Frachtschiff nach Valparaiso; tredition 2013 (Taschenbuch, 352 Seiten, 15,90 €)

Jürgen Schwieger: 12.000 Kilometer mit dem Containerschiff – Eine Frachtschiffreise von Hamburg nach Buenos Aires; Books on Demand 2009 (Taschenbuch, 100 Seiten, 12,90 €)

Hans Rudolf David: In neunzig Tagen um die Welt – Bericht einer ungewöhnlichen Reise mit einem Containerschiff; Books on Demand 2002 (92 Seiten, 19 €)

Hans Rudolf David: Frachtschiffreise rund um die Welt – Mit Geschichten, die das Leben schrieb; Books on Demand 2008 (broschiert, 192 Seiten, 16,95 €)

Rolf Schmidt: Mit dem Frachtschiff nach Fernost – Books on Demand 2006 (Taschenbuch, 92 Seiten, 12,80 €)

Karl Schwörer: Tagebuch einer Frachtschiffreise als Passagier; Books on Demand 2011 (256 Seiten, 19 €)

Sylvia Michels: Aida?! Nein Danke! / Wiederholungstäter: Kreuzfahrt einmal anders; Books on Demand 2009 (92 Seiten, 9,90 €)

Winrich Klymant: Das andere Logbuch der Rickmers Seoul – Mit einem Frachtschiff um die Welt; Books on Demond 2006 (184 Seiten, 18 €)

Anita Gerhard: In den Süden verfrachtet; Kindle-eBook 2012 (227 Seiten, 7,72 €)

Rolf E. Pabst: Frachtschiffromantik; Kindle-eBook 2010 (116 Seiten, 2,68 €)

Volker Wilms: Frachtschiffreisen - Captain's Dinner drei Mal täglich; ebubli 2015 (160 Seiten, 16,99 €)

Henning Köhlert: Mit dem Frachschiff um die halbe Welt; Kindle-eBook 2015 (112 Seiten, 5,99€)

Hugo Verlomme: Reise mit dem Frachtschiff; Umschau Verlag Braunschweig 2001 (301 Seiten, nur noch antiquarisch)

Dea Birkett: Jella – Allein unter Männern auf dem Schiff; National Geographic 2002 (Taschenbuch, 256 Seiten, nur noch antiquarisch)

REISE IN DIE VERGANGENHEIT: MUSEUMS-FRACHTSCHIFFE

Wer eine Zeitreise in die letzten Tage der konventionellen Schifffahrt, als Stückgüter noch in Kisten und Kästen, Fässern und Säcken verpackt wurden, unternehmen möchte, kann dies durch einen Besuch zu sieben in Deutschland noch erhaltenen Museums-Frachtern tun.

Noch bis in die 80er Jahre lagen diese Schiffe dicht an dicht in den Häfen und boten einen imposanten Anblick mit ihren Aufbauten, Masten und Ladegeschirren. Heute ist jeder Ship-Spotter glücklich, mal nicht ein profanes Containerschiff, sondern einen „richtigen" Frachter vor die Linse zu bekommen. „Kochbuch"-Schiffe heißen diese Neubauten heutzutage und prägen den internationalen Schiffbau mit ihrer Standardisierung und Uniformierung. Tausende der konventionellen Frachtschiffe wurden in den letzten Jahrzehnten abgewrackt, nachdem ein gewisser Malcolm

McLean die Handelsschifffahrt mit seiner Idee, alles in bunten Blechkisten zu verpacken und zu transportieren, revolutionierte.

Es sind nicht gerade viele dieser Veteranen mehr übrig, darunter aber immerhin das weltweit größte noch erhaltene und seetüchtige Museumsfrachtschiff, die CAP SAN DIEGO (Hamburg), auf dem bis 1986 sogar bis zu zwölf Passagiere mitfahren konnten und auch heute noch als Hotelschiff genutzt wird. Auch von den 195 Schiffen der einstigen größten europäischen Universalreederei der DDR sind nur noch zwei übrig: Zum Rostocker Schifffahrtsmuseum umgenutzt wurde das Frachtschiff DRESDEN und ebenfalls in Rostock liegend für die Jugendarbeit und zum Landschulheim umgenutzt der Frachter LIKEDEELER (ehemals CONDOR). Wieder fahrtüchtig gemacht werden soll die im Hamburger Hafenmuseum liegende BLEICHEN, während die GREUNDIEK mit Heimathafen Stade immerhin regelmäßig auf Fahrt geht. Und auch zwei Küstenmotorschiffe wurden erfolgreich vor dem Abwracker gerettet und seitdem von rührigen Vereinen betreut: die am Krautsand liegende MS JAN-DIRK und die zum Küstenschifffahrtsmuseum gehörende IRIS-JÖRG (Wischhafen).

INFORMATIONEN

Museumsschiff CAP SAN DIEGO
Liegeplatz: Überseebrücke, 20459 Hamburg

Öffnungszeiten: täglich 10.00 – 18.00 Uhr außer 24. Dezember und während Ausflugsfahrten - Internet: www.capsandiego.de - Telefon: +49(40)364209 - E-Mail: info@capsandiego.de

Museumsschiff MS BLEICHEN
Liegeplatz: Australiastraße, Schuppen 52A (Hafenmuseum), 20457 Hamburg

Öffnungszeiten: Dienstag bis Sonntag und an Feiertagen 10.00 – 18.00 in der Zeit von Ostern bis Ende Oktober - Internet: www.msbleichen.de - Telefon: +49(40)751146910 - E-Mail: info@msbleichen.de

Küstenmotorschiff MS JAN-DIRK

Liegeplatz: Krautsand am Ruthenstrom

Besichtigung nur nach Absprache mit dem Förderverein möglich - Internet: www.ms-jan-dirk.de

Museumsschiff GREUNDIEK

Liegeplatz: Stader Stadthafen

Öffnungszeiten: nach Vereinbarung und Mittwoch nachmittags 13.00 bis 16.30 Uhr - Internet: www.greundiek.de - Betreiber: „Verein Alter Hafen Stade e.V.", Friedrich W. Kreiensiek, Horststraße 24, 21680 Stade, Tel. +49 (4141) 64340, Mobil: 0171 14 64340 - E-Mail: fietesta@ewetel.net oder info@greundiek.de

Museumsschiff IRIS-JOERG

Liegeplatz: Kehdinger Küstenschifffahrts-Museum, Unterm Deich 7, 21737 Wischhafen

Öffnungszeiten: vom 1. Juli – 30. September täglich außer montags von 10.00 – 12.00 Uhr und von 13.00 – 18.00 Uhr - Internet: www.kuestenschiffahrtsmuseum.de und www.iris-joerg.de - Telefon: 04770 / 831140 während der Öffnungszeiten, sonst +49(4770)7179 - E-Mail: info@kuestenschiffahrtsmuseum.de

Motorfrachtschiff DRESDEN

Liegeplatz: Rostock, Unterwarnow (IGA Park/Schifffahrtsmuseum, Schmarl-Dorf 40, 18106 Rostock

Öffnungszeiten: Juli/August täglich von 09.00 - 18.00 Uhr, November – März: Dienstag bis Sonntag von 10.00 – 16.00 Uhr, übrige Zeit: Dienstag bis Sonntag von 09.00 – 18.00 Uhr - Internet: www.schifffahrtsmuseum-rostock.de - Telefon: +49(0381)12831364 - E-Mail: schifffahrtsmuseum@iga2003.de

Schwimmendes Schullandheim LIKEDEELER

Liegeplatz: Rostock, Unterwarnow, Schmarl-Dorf 20, 18106 Rostock

Besichtigung nur auf Anfrage oder am „Tag der Offenen Tür"; Internet: www.likedeeler-rostock.de – Telefon: +49(0381)127210 – E-Mail: schullandheim@likedeeler-rostock.de

ZAHLEN, BITTE!

95 Prozent aller Reisen mit Frachtern werden auf Containerschiffen unternommen. Deshalb hier ein paar Daten, Zahlen und Fakten rund um den Container.

Der wichtigste Containertyp ist der 20-Fuß-Standartcontainer (Maßeinheit bezogen auf die Länge: 1 TEU = Twenty Foot Equivalent Unit). Er ist 2,44 Meter breit (8 Fuß), 6,058 Meter lang und 2,59 Meter hoch (8 Fuß 6 Zoll). In Wahrheit ist der 20-Fuß-Container aber nur 19 Fuß und 10,5 Zoll lang. Zwei solcher Container zusammen müssen nämlich exakt die Länge eines 40-Fuß-Containers ergeben mit einem verbleibenden Zwischenraum von 3 Zoll (= 7,62 cm).

In so einen Standardcontainer passen zum Beispiel 6000 Schuhkartons oder 50 verpackte Waschmaschinen oder 10.000 Jeans oder 360 Kaffeesäcke oder 200 Fernseher.

Voll beladen kann ein 40 TEU-Standardcontainer bis zum 30 Tonnen (= 30.000 Kilogramm) wiegen. Hinzu kommt das Eigengewicht von ca. 4.000 Kilogramm. Ein Brückenfahrer bewegt damit so viel Last, wie früher ein Hafenarbeiter in zwei Schichten (= 16 Stunden) von Bord holen konnte. 35 bis 40 so genannte „Moves" pro Stunde schafft ein Kranfahrer.

Neben den Standardcontainern mit 20 bzw. 40 Fuß Länge sind inzwischen eine Vielzahl von anderen Containertypen im Einsatz: Container mit Überlänge, Spezialcontainer für Papierrollen, Kühlcontainer („Reefer"), Open-Top-Container, die von oben beladen werden können, Container mit einklappbaren Seitenwänden und solche, die gekippt werden können für Schüttgut, reine Transportplattformen („Flat Racks") oder Tankcontainer.

Moderne Containerterminals erreichen heute Umschlagsleistungen von mehr als 2.000 Containern pro Tag und Schiff. Das entspricht etwa 20.000 bis 30.000 Tonnen. Früher lag die Tagesumschlagsleistung bei einem traditionellen Stückgutschiff zwischen 700 und 1.000 Tonnen.

Der weltweite Bestand an Containern gemessen in TEU beläuft sich auf circa 25 Millionen. Das sind etwa 17 Millionen Container. Eine Reederei benötigt pro Stellplatz auf den Schiffen zwei Container. Ein neuer Standardcontainer aus „Corten-Stahl", einer widerstandsfähigen Speziallegierung, kostet rund 2.500 Dollar. Zwei chinesische Unternehmen, CIMC in Shenzhen und Singamas in Hongkong kontrollieren 85 Prozent des Marktes für Neubauten. Nach einer Studie der Hochschule für Nautik in Bremen gehen weltweit pro Jahr etwa 1.225 Container über Bord. Gebrauchte Container werden nach durchschnittlich 12 Jahren in den so genannten Zweitmarkt verkauft.

Etwa 11 US-Cent kostet der Transport einer Hose vom Hersteller in Asien bis in einen deutschen Hafen, 2 Cent der Transport einer Uhr. Bei einem sperrigen Rattanstuhl sind es 15 Dollar. Die Fahrt eines Fernsehers kostet 10 Dollar, die eines Staubsaugers 1 Dollar. Bei einer Dose Bier ist es nur noch 1 US-Cent, die Verschiffung einer Flasche Whiskey oder eines Kilos Kaffee kostet etwa 15 Cent. Der Transport im Container aus Übersee schlägt für den Endverbraucher mit nur etwa 3 Prozent des Preises zu Buche. Der durchschnittliche Wert eines beladenen Containers liegt zwischen 25.000 und 45.000 Euro.

70% des Welthandels werden über den Seeverkehr abgewickelt, 95% sind es im interkontinentalen Handel. Im Jahr 2013 wurden rund 10 Milliarden Tonnen Güter verschifft, davon 1,525 Milliarden Tonnen in Containern. 90% des Stückgutes wird in Containern umgeschlagen. Die Welthandelsflotte umfasst 55.650 Schiffe, davon sind 5.010 Containerschiffe mit einer Stellplatzkapazität von 16,3 Millionen TEU und einer Ladefähigkeit von rund 216 Millionen Tonnen. 1.603 Containerschiffe haben einen deutschen Eigner (Ladevolumen: 5,043 Millionen TEU).

Unter deutscher Flagge fahren aber nur 183 Containerschiffe (entspricht 5,9% BRZ-Anteil). Damit liegt Deutschland auf Platz 5 der führenden Flaggenstaaten der Containerflotte. Unter der Flagge von Liberia sind es 957 (20,8%), von Panama 689 (18,2%), von Hongkong 390 (10,1%) und von Singapur 430 (8,9%).

Ein Schiff mit einer Stellplatzkapazität von 6.000 TEU verbraucht bei einer Geschwindigkeit von 20 Knoten (= 37 km/h) rund 100 Tonnen Kraftstoff pro Tag.

Die derzeit (2015) größten Containerschiffe der Welt sind die Schiffe der "OLYMPIC"-Klasse, von denen die schweizer Reederei MSC insgesamt sechs in Fahrt hat. Sie sind 395,4 Meter lang, 59 Meter breit und verfügen über eine Stellkapazität für 19.224 Standard-Container. Die - bereits bei Werften georderten - Schiffe der nächsten Generation dieser wahren Giganten werden dann schon über 20.000 TEU befördern können.

Containerschiffe der 7. und 8. Generation mit bis zu 16,7 Metern Tiefgang können voll beladen und unabhängig von Ebbe und Flut an der Nordrange nur noch Rotterdam und den JadeWeserPort in Wilhelmshaven anlaufen.

Die drei Häfen mit dem größten Containerumschlag weltweit sind (2014): Shanghai mit 35,3 Mio. TEU, Singapore mit 33,9 Mio. TEU und Shenzhen mit 24,0 Mio. TEU. Hamburg belegt Platz 16 mit 9,8 Mio. TEU und Rotterdam Platz 12 mit 12,3 Mio. TEU.

NACHWORT

Als ich das erste Mal vor vielen Jahren erwartungsvoll am Terminal Burchardkai im Hamburger Hafen den Einlauf des kleinen Feederschiffes CARLA beobachtete, steuerte die große Schifffahrtskrise just ihrem Höhepunkt entgegen. Schon beim Überqueren der Elbbrücken zeugten dicht an dicht vertäute Schiffe im Baakenhafen, so genannte „Auflieger", dass Schiffstonnage und Weltwirtschaft nicht mehr im Einklang miteinander standen. Ohne Fracht und Charter dümpelten zu diesem Zeitpunkt etwa zehn Prozent der Welthandelsflotte in irgendeinem Hafen herum.

Inzwischen hat sich die Lage für die Seeschifffahrt zwar gebessert, aber die Zeiten haben sich gewaltig geändert. Schiffe werden heutzutage nicht mehr für Jahre, sondern nur noch für Monate oder gar Wochen, manchmal sogar nur für eine einzige Reise verchartert. Wer als Tourist auf ein Frachtschiff geht, wusste schon immer um die Unwägbarkeiten der Seefahrt, musste schon immer flexibel sein, sich auf kurzfristige Änderungen einstellen. Das alles hat eher noch zugenommen und macht den Frachtschifftourismus noch weniger planbar.

Was zum Beispiel ist aus den wenigen Schiffen geworden, mit denen wir in diesem kleinen Buch umhergereist sind? CARLA heißt gar nicht mehr so, sondern FORTALEZA nach dem gleichnamigen Hafen in Brasilien, davor fuhr sie unter dem Namen WEC RUBENS. Lange Zeit lag sie irgendwo "for order", also ohne Fracht. Eine Vercharterung an die Reederei OPDR (deren Marketingchefin in diesem Buch Rede und Antwort steht und die selbst am 1. Juli 2015 von der drittgrößte Reederei der Welt CMA CGM "aquiriert" wurde) war kurz vorher geplatzt. Auch die TRANSPULP ist nicht mehr im ewigen Papierkreislauf eingesetzt, sondern nur noch ihre beiden Schwesternschiffe. TRANSPULP ist unterverchartert auf der Route Göteborg-Großbritannien unterwegs und nimmt aktuell auch keine Passagiere mit. Das Binnenschiff AVISO I pendelt zwar immer noch zwischen Bremen und Bremerhaven, doch Gäste können nicht mehr an Bord. Der Grund: das Schiff lädt nun auch Gefahrgutcontainer. Und wenn Gefahrgut an Bord ist, dürfen keine Passagiere mit.

Ein regelrechtes Opfer der Schifffahrtskrise war die Reederei Baum aus Nordenham. Sie ging in die Insolvenz und die gute alte EMMA musste im April 2013 verkauft werden. Neuer Eigner ist die "Coastal International Shipping Line" aus Tansania. EMMA, umbenannt in LEENE, pendelt jetzt vor der afrikanischen Westküste im Indischen Ozean - auf der Webseite der Ein-Schiff-Reederei werden noch meine Fotos, die EMMA in einem norwegischen Fjord zeigen, verwendet. Auch auf die CARAT kann, nein darf, man sich nicht mehr einschiffen. Sie fährt im so genannten "Bareboatcharter", bei dem das Schiff unbemannt überlassen wird, für eine US-Reederei. Angeblich für die Army. HELMUT ist inzwischen für die Großreederei Maersk in Fahrt und eingesetzt im Linienverkehr Bremerhaven - Marokko. Meine Fahrt nach St. Petersburg mit HELMUT war wohl eine der letzten auf dieser Strecke. Dafür pendelt jetzt die CONGER von Rotterdam nach St. Petersburg.

Heißt das, dass die Geschichten in diesem Buch nun inaktuell und überholt sind? Nein, das heißt es ganz sicher nicht. Alle Reisen können heute noch genauso unternommen werden, wie beschrieben. Immer wieder. An den Abläufen an Bord und in den Häfen, den Kümmernissen der Seeleute, der Freiheit auf See, den technischen Gegebenheiten, dem Essen der Köche, Wind und Wellen hat sich nichts geändert und wird sich auch nichts ändern. Namen sind, wie wir gesehen haben, Schall und Rauch. Was bleibt, ist das kleine Abenteuer Frachtschiffreise. Ein solches zu erleben, dazu kann ich nur jede Leserin und jeden Leser ermuntern. Seefahrt bleibt Seefahrt.

ÜBER DEN AUTOR

In Norddeutschland wohnend ist Bernd Ellerbrock als Fotograf und Autor bevorzugt an der Küste unterwegs. Häfen, Werften, Schiffe aber auch die Naturschönheiten von Nord- und Ostsee haben es ihm angetan. Auf seiner Fotowebseite www.8komma0.de sind seine maritimen Bilderwelten zu betrachten. Als Autor arbeitet er für diverse Fachmagazine im Bereich Seefahrt. In jüngster Zeit unternahm Ellerbrock etliche Reisen auf Frachtschiffen; seine dabei entstandenen Fotoreportagen erschienen u. a. auf SPIEGELonline, im Berliner "Tagesspiegel" sowie in norddeutschen Tageszeitungen. Gerne nimmt er Interessierte bei seinen Foto-Vorträgen auch mal mit auf große Fahrt. Galerien mit ausführlichen Fotostrecken zu den hier veröffentlichten Reportagen sind auf Ellerbrocks Webseite www.8komma0.de zu sehen.

IMPRESSUM

Dieses Werk einschließlich aller seiner Teile (Text und Fotos) ist urheberrechtlich geschützt. Die Rechte liegen ausschließlich bei Autor und Fotograf Bernd Ellerbrock (www.8komma0.de).

Bernd Ellerbrock

Made in the USA
Monee, IL
07 July 2026